Klockenhoff · Landschaftsärzte

SH - A - III - 71

D1671350

Studien und Materialien Nr. 20

veröffentlicht im Nordfriisk Instituut

Roland Klockenhoff

Sylter Landschaftsärzte 1786-1890 und ihre Vorgänger

Nordfriisk Instituut
Bräist/Bredstedt, NF, 1988

Diese Arbeit wurde Anfang 1987 als Inauguraldissertation aus dem Institut für Geschichte der Medizin und Pharmazie (Prof. Dr. J. H. Wolf) zur Erlangung der Doktorwürde der Medizinischen Fakultät der Christian-Albrechts-Universität zu Kiel vorgelegt.

Gewidmet meinem Vater, Dr. med. Hermann Klockenhoff (1913-1988), praktischer Arzt in List auf Sylt.

Danksagung

Allen, die zum Gelingen dieser Arbeit beigetragen haben, möchte ich für ihre Unterstützung danken – besonders meinem Doktorvater, Herrn Prof. Dr. Jörn Henning Wolf, Kiel; den Herren Victor Bender, Westerland; Dr. Thies Clemenz und Uwe Clemenz, Keitum; Dechant Peter Schmidt-Eppendorf, Nordstrand, und Dr. Manfred Wedemeyer, Morsum.

© Verlag Nordfriisk Instituut, 2257 Bräist/Bredstedt, NF
Lektorat: Dr. Thomas Steensen
Umschlaggestaltung: Rainer Kühnast, 2250 Hüsem/Husum, NF
Druck: Bäuerliche Druckerei, 2251 Haatst/Hattstedt, NF
ISBN 3-88007-144-6

Inhalt

1. Einleitung

Im Mittelpunkt dieser medizinalgeschichtlich-regionalen Untersuchung stehen die von der Landschaft Sylt, dem kommunalen Verband der Sylter Ortschaften (außer List), von 1786 bis 1890 angestellten Landschaftsärzte. Auch heute noch gibt es ein "Amt
Landschaft Sylt" als Verwaltungseinheit, welches nicht mehr
identisch ist mit der historischen Landschaft. Westerland (seit
1905 Stadt) gehört wie die amtsfreie Gemeinde List nicht dazu.

Insgesamt sieben Ärzte sorgten nacheinander in dieser Zeit für
eine kontinuierliche medizinische Versorgung der Inselbevölkerung, ein Fortschritt im Vergleich zu den vorangegangenen Verhältnissen, welcher nicht zuletzt als kommunalpolitische Leistung auch heute noch Beachtung verdient.

Die Anfänge der zeitweise nur sporadischen ärztlichen Versorgung
der Insel vor 1786 können nur zurückverfolgt werden bis in das
Jahr 1600, wobei schon ab Mitte des 18.Jahrhunderts Tendenzen
deutlich werden, die medizinische Versorgung fortwährend sicher-
zustellen.

Diese Entwicklung von einer mehr sporadischen zu einer institu-
tionalisierten Form soll in ihrer Beziehung zur wechselvollen
Lokal- und Landesgeschichte aufgezeigt werden. Deshalb stehen
am Anfang dieser Abhandlung allgemeine Ausführungen zur Situation der kleinräumigen und relativ abgeschlossenen nordfriesischen Insel Sylt sowie ein Überblick über die politischen Verhältnisse und Rahmenbedingungen, insbesondere des schleswig-
holsteinischen Medizinalwesens, soweit es für die Insel Sylt
von Bedeutung scheint.

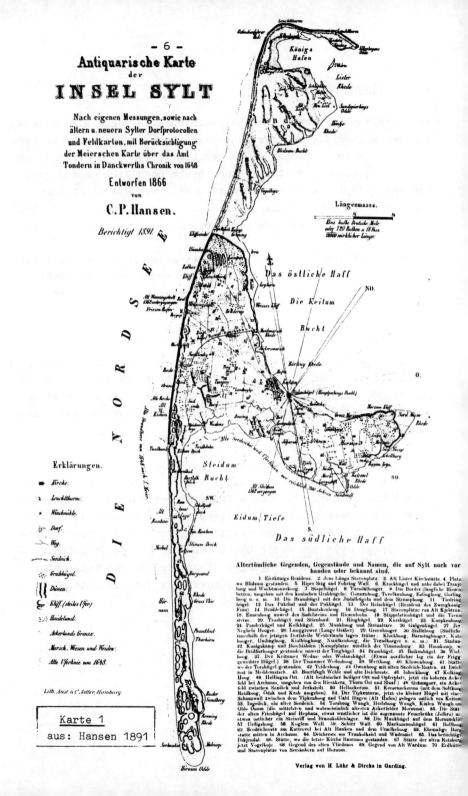

2. Übersicht über die Geschichte und Verwaltung der Insel Sylt im Zeitalter der Landschaftsärzte

Die nordfriesische Insel Sylt gehörte von 1721 bis 1864 als Bestandteil des Herzogtums Schleswig zum dänischen Gesamtstaat
mit dem König als Staatsoberhaupt. Der Regierungssitz war Kopenhagen. Die Insel nahm in ihrer historischen Entwicklung an den
wechselvollen Geschehnissen der schleswig-holsteinischen Landesgeschichte teil. Vorher unterstand sie den Gottorfer Herzögen.
Ab 1867 gehörte dann Sylt zur preußischen Provinz Schleswig-
Holstein, ab 1871 zum Deutschen Reich. Das Land oder die Landschaft Sylt, wie der größere zum Herzogtum gehörende Teil genannt wurde, lag im Bereich des schleswigschen Amtes Tondern,
später dann des Landkreises Tondern. Vor und auch nach 1867 hatte das kleine Dorf List im nördlichen Teil der Insel eine Sonderstellung, erst als verwaltungsrechtlicher Teil des dänischen
Königreiches (Amt Ribe), später auch in preußischer Zeit als
amtsfreie, nicht zur Landschaft Sylt gehörende Gemeinde. Im folgenden soll vornehmlich auf die Entwicklung Sylts während der
dänischen und der ersten Jahrzehnte der preußischen Herrschaft
eingegangen werden.[1]
Die Landschaft bestand aus drei relativ selbständigen Kirchspielen, dem Kirchspiel und der Bauerschaft Morsum, dem Kirchspiel
Keitum mit den zugehörigen Dörfern Archsum, Tinnum sowie den
Norddörfern Wenningstedt, Braderup und Kampen und schließlich
dem Kirchspiel und der Bauerschaft Westerland einschließlich
Rantum.

Tab.1: Einwohnerzahlen der Insel Sylt (nach Jensen 1891, S.45)

Die Landschaft Sylt (außer List -		
zwischen 30 und 50 Einwohner)	1758	2800 E.
	1769	2814
	1804	2674
	1840	2520
(einschl. List)	1850	2674
"	1880	3120
"	1890	3762

1 Die wichtigsten Grundlagen für die folgenden Ausführungen zur
Sylter Regionalgeschichte bilden: Booysen 1828; Hansen 1827;
Hansen 1845; Jensen 1891; Jensen 1961; Stöpel 1927; Voigt 1967.
Die Angaben zur schleswig-holsteinischen Geschichte beruhen
auf Brandt/Klüver 1976.

Die Insel wies nicht nur durch ihre Grenzlage und ihre Abgelegenheit sowie die namentlich im Winter häufig wochenlange voll-
kommene Abgeschlossenheit vom Festland einige Besonderheiten
auf.
Der größte Teil der Einwohner war friesischer Abstammung. Eine
Minderheit stellte die Bevölkerung dänischer Abstammung dar;
es handelte sich hauptsächlich um Jüten, die vor allem in der
Landwirtschaft und als Handwerker tätig waren.[1] Die Umgangs-
sprache war Friesisch, die Schul- und Kirchensprache Deutsch;
das Dänische hatte nur eine geringe Bedeutung als Verkehrsspra-
che.[2]
Die kargen Bodenverhältnisse zwangen die meisten Sylter Männer,
ihren Lebensunterhalt auf der See zu suchen. Die Landwirtschaft,
die weitgehend von den Frauen besorgt wurde, und das Gewerbe
spielten bis zum Aufkommen des Fremdenverkehrs nur eine geringe
Rolle.
Nach dem Ende des Walfanges und des Robbenschlages vor Grönland,
die vom 17.Jahrhundert an die Seefahrt im Nordmeer bestimmt hatten, wandten sich die Sylter ab der Mitte des 18.Jahrhunderts
zunehmend der Handelsschiffahrt zu. Sie blieb bis zum Aufblühen
des Fremdenverkehrs nach 1864 Haupterwerbszweig, allerdings mit
Unterbrechungen während des und nach dem Dänisch-Englischen
Krieg (1807-1815).[3]

---

1 Für das Jahr 1827 gab Christian Peter Hansen, einer der wich-
tigsten Sylter Chronisten (1803-1879), nach einer von ihm
durchgeführten Erhebung an, daß von den 616 Hausbesitzern der
Insel 127 dänischer Abstammung waren (vgl. Hansen 1845,S.146f.).
Zur Würdigung C.P. Hansens vgl. Schmidt/Reinhardt 1979 und
Wedemeyer 1982.

2 Durch die Einwirkungen des Fremdenverkehrs ab der zweiten Hälfte des 19.Jahrhunderts und des damit verbundenen starken Be-
völkerungszustroms nahm die Bedeutung der friesischen Sprache
bzw. deren Sylter Untergruppe zugunsten des Platt- und Hoch-
deutschen ab. Genauere Angaben hierzu bei Krohn 1984, S.103f.

3 Eindrucksvoll sind Zahlenangaben von Jensen 1891, S.135; danach
fuhren von 300 Knaben, die von 1830 bis 1860 die Keitumer Schule besuchten, 230 (= 76 %) zur See. Zur Bedeutung und Entwicklung der Seefahrt vgl. ebd., S.128-138. Nach Voigt 1967, S.51
waren von den knapp 3000 Einwohnern der Insel im Jahre 1780
597 Seeleute, darunter 104 Schiffskapitäne, 164 Steuerleute
und 329 Matrosen oder Schiffsjungen.

Die Seefahrt hatte Sylt, gemessen an anderen Regionen des Landes, Wohlstand gebracht, aber als Preis dafür auch enorme Men-
schenverluste unter der männlichen Bevölkerung durch Unglücks-
fälle gefordert, hauptsächlich hervorgerufen durch die gefahrvolle Seefahrt im Nordmeer und durch tropische Krankheiten zur
Zeit der Handelsfahrten. Das monatelange und später jahrelange
Fernbleiben während der Walfang- und Handelsfahrten, wobei sehr
viele Männer in verantwortungsvoller Stellung als Kommandeure
und Steuerleute tätig waren, und die heimgebrachten Erfahrungen
und Verdienste übten einen starken Einfluß auf das Gemeinwesen,
die Sozialstrukturen und die Sitten- und Moralvorstellungen aus.[1]
Ebenso wie diese Einflüsse ist für das Verständnis und die Wer-
tung der kommunalen Leistungen im Medizinalwesen die relative
kommunale Selbständigkeit der Inselbevölkerung ausschlaggebend.
Dieses Autonomiebewußtsein läßt sich in seinem Ursprung aus den
überkommenen Freiheiten der friesischen Bevölkerung herleiten.
Die Abgelegenheit der Insel und die mit der Ausübung der Seefahrt verbundenen Privilegien waren gewichtige Gründe für die
Nichtausübung landesherrlicher Rechte und den langen Bestand
einiger Freiheiten. Die Freiheiten waren aber auf Sylt wie anderswo eng mit dem Engagement und dem Bewußtseinsstand der Menschen verbunden. Die heute noch teilweise anzutreffenden Neigun-
gen, beispielsweise literarischer Art oder in Heimatvereinen ge-
pflegt, die Freiheiten der Friesen zu glorifizieren, halten nur
bedingt einer historischen Prüfung stand.[2] Die dänischen wie
später auch die preußischen Landesherren verstanden es, nach und
nach ihren Einfluß auf die örtlichen Verhältnisse zu vergrößern.
Wegen der engen Verknüpfung der kommunalpolitischen Entwicklungen mit der ärztlichen Versorgung im 18. und 19.Jahrhundert
müssen insbesondere die Selbstverwaltungsstrukturen dieser Zeit
kurz dargestellt werden.[3]

---

1 Die Einwirkungen der Seefahrt auf das Inselleben beschreibt
  Hansen 1845, S.177-185 anschaulich unter der Überschrift "Das
  Zeitalter der Sylter als glückliche Handelsschiffer auf allen
  Meeren der Erde".

2 Eine der wenigen Auseinandersetzungen mit dieser Thematik bei
  Voigt 1977, S.13-16 u. S.115-118.

3 Zeitgenössische Darstellungen der Sylter Landschaftsverfassung
  liegen vor von Booysen 1828, S.26-32, Hansen 1845, S.94-112
  und Wülfke 1831, wobei die letztere, verfaßt vom zweiten Sylter Landschaftsarzt, sich am ausführlichsten mit den Vorzügen

In der Landschaft Sylt übten zwei Gremien, nämlich einerseits
der Sylter Rat und das Landesgevollmächtigtenkollegium anderer-
seits, Rechtsprechungs- und Verwaltungsaufgaben aus. Gewählt
wurden sie von den Hausbesitzern/-innen.

Die Landvögte waren als königliche Justiz- und Hebungsbeamte
die einzige Verwaltungsobrigkeit der Insel.

Kommunalpolitisch war das 18.Jahrhundert gekennzeichnet vom zunehmenden Einfluß der Landvögte auf die Mitglieder der Selbst-
verwaltungsgremien. Der Sylter Chronist C.P. Hansen beschreibt
für diese Zeit eine ungewöhnliche Nachlässigkeit gegenüber alten
Rechten und Freiheiten: "Das Sylter Volk schlief nach dem Jahre
1713 politisch ein und die derzeitigen Landvögte sangen das
Wiegenlied, thaten ihr Möglichstes es in diesem Schlafe zu erhalten" (Hansen 1845, S.170/171).[1]
Besonders in der langen Amtszeit des Landvogts Mathias Mathiessen (1742-1788) hatten die Landesgevollmächtigten und der Sylter Rat an Macht verloren. Eigenmächtigkeiten und starre Strukturen kennzeichneten die Zeit. Prägnant formulierte C.P. Hansen:
"Die Männer sind auf See, die Vögte regieren die Weiber daheim"
(Hansen 1877, S.230).
In engem Zusammenhang mit einer Auseinandersetzung um die Anstellung des ersten Landschaftsarztes 1786 kam es nach dem Tode
des Landvogts M. Mathiessen 1788 zu einem Erstarken der Selbstverwaltung. Anläßlich dieser ersten Anstellung eines Landschaftsarztes erhobenen Beschwerden der Einwohner an das Schleswigsche
Obergericht führten 1790 zum Zurückdrängen des Einflusses der
Landvögte und zu einer vermehrten Zuständigkeit des Landesge-
vollmächtigtenkollegiums, welches aus neun nach einem bestimmten Schlüssel aus den Dörfern der Insel gewählten Männern be-

und auch Schwächen der kommunalen Selbstverwaltung auseinan-
dersetzt und die Ergebnisse der lebhaften Diskussionen mit
dem Ziel der zeitgemäßen Verbesserung in den 30er Jahren des
19.Jahrhunderts zusammenfaßt. Vgl. speziell hierzu Hoffmann
1932 und Jensen 1961, S.75-82.
Mehr mit Einzelaspekten der Landschaftsverfassung befassen
sich: Andresen 1933; Meyer 1938; Riewerts 1907; Schmidt 1932;
Voigt 1967, S.35f. u. S.49.

1 Bis 1713 hatte Sylt meist einheimische Landvögte. Von 1713 bis
1742 wurde es von Föhr mitverwaltet. Die danach wieder auf
Sylt wohnenden Landvögte waren nach 1742 meist Landfremde,
vgl. Voigt 1967, S.36.

bestand. Die Landesgevollmächtigten waren von da an allein zuständig für die politische Vertretung der Inselangelegenheiten
und die Verwaltung der Landesökonomie. Der Sylter Rat übte nur
noch selten die Rechtsprechung aus und verlor an Bedeutung, die
Gerichtsbarkeit bei kleineren Delikten übernahmen zunehmend die
Landvögte.
Das Landesgevollmächtigtenkollegium wählte die Landschaftsärzte
und bestimmte deren Arbeitsbedingungen, dadurch beeinflußte es
wesentlich die medizinische Versorgung im 19.Jahrhundert. Neben
den Landes- bzw. Landschaftsärzten waren als weitere kommunale
Beamte ein Fährmann und Postexpediteur, ein Landes- und Gerichts-
diener und ab 1824 ein Landschaftsapotheker angestellt.

Mit dem Erwachen eines nationalen Bewußtseins der Einwohner der
Herzogtümer hatten im 19.Jahrhundert zunehmend Auseinandersetzungen zwischen schleswig-holsteinischen bzw. deutsch und dänisch
gesinnten Einwohnern Auswirkungen auf das politische Klima der
Insel.[1] In diesem Zusammenhang sei besonders das Wirken des
Sylters Uwe Jens Lornsen hervorgehoben. Diese Konflikte münde-
ten in den Krieg von 1848-1851, wobei die Sylter Einwohner mehrheitlich auf der schleswig-holsteinischen Seite standen.
Nach der Niederlage der Schleswig-Holsteiner war die Zeit bis
1864 von einer verstärkten dänischen Einflußnahme auf den Landesteil Schleswig gekennzeichnet. Das führte zu starken Emotio-
nen. Es wurde auf Sylt zwar nicht wie andernorts im Herzogtum
die dänische Sprache als Schul- und Kirchensprache eingeführt,
aber einen beispielhaften Eindruck des veränderten geistigen
und politischen Klimas gibt die Angabe des Keitumer Lehrers und
Chronisten C.P. Hansen, daß er aus politischen Rücksichten zwei
Drittel der Bücher aus der Schulbibliothek entfernte.[2]
Diese Situation läßt sich auf Sylt auch deutlich bei den Stellenneubesetzungen der Landschaftsbeamten aufzeigen. Die Landesgevollmächtigten beugten sich in ihren Personalentscheidungen
von 1851-1864 dem Willen der Dänen, wodurch sie sich der Kritik
von deutsch gesinnten Einwohnern aussetzten. Aber trotz dieses
Wohlverhaltens wurden die Einflußmöglichkeiten der Selbstverwal-

1 Eine umfassende Darstellung dieser Thematik unter ausführli-
  cher Berücksichtigung der Sylter Verhältnisse gibt Jensen 1961.
2 Hansen-Tagebuch, S.102; vgl. auch Jensen 1961, S.250-261.

tung insgesamt 1862 von der dänischen Regierung eingeschränkt.[1]
Der Sylter Rat wurde aufgelöst, und in der verbliebenen
Selbstverwaltung war den Gevollmächtigten zwar die stärkste
Stellung zugewiesen, aber gleichzeitig wurden ihre Entschei-
dungsbefugnisse auf Ausgaben bis 50 Reichsthaler begrenzt. Sie
behielten allerdings die Zuständigkeit für die Wahl und Ver-
tragsschließung mit den Landschaftsärzten und den Landschafts-
apothekern. Diese Regelung behielt ihre Gültigkeit fast bis zur
endgültigen Auflösung der althergebrachten Selbstverwaltung im
Jahre 1897.

Überblickt man diese Phase der Entwicklung nach der schleswig-
holsteinischen Erhebung, so war sie von einem starken Unbehagen
vieler Einwohner über die veränderte Politik der dänischen Regierung bestimmt.
Diese bewegte Zeit endete 1864 mit den kriegerischen Auseinandersetzungen zwischen Dänemark auf der einen, Preußen und Öster-
reich auf der anderen Seite. Nach einem weiteren Krieg zwischen
den vormals Verbündeten wurde das vereinigte Schleswig-Holstein
preußische Provinz.
Am 12.Januar 1867 begann auf Sylt offiziell die Herrschaft Preußens. Die Auswirkungen einer preußischen Gestaltung in Schleswig-Holstein verursachten anfangs Enttäuschungen. Die Hoffnung
vieler Einwohner auf ein vereinigtes, aber auch unabhängiges
Land hatte sich nicht erfüllt.
Aber es trat auch noch verstärkt eine ganz andersartige Bedingung für die weitere Entwicklung der Insel hinzu - der Beginn
des Fremdenverkehrs. 1855 wurde das Seebad Westerland gegründet.
Es nahm nach 1864 einen gewaltigen Aufschwung (vgl. Tab.2).

Für Sylt hatte ein neues Zeitalter begonnen. Nach der Gründung
des Seebades ergaben sich neue lohnende Erwerbsmöglichkeiten,
verbunden mit einer bequemeren Form der Lebensführung, als sie
die vorherrschende Seefahrt jahrhundertelang geboten hatte. Der
Anteil der Seefahrenden unter der männlichen Bevölkerung ging

---

1 "Regulativ für die kommunale Repräsentation der Landschaft
  Sylt vom 24.September 1862", abgedruckt in Chronologische
  Sammlung 1863, S.237-240.

- 13 -

Tab.2: Übersicht der Entwicklung der Gästezahlen
       (nach Stöpel 1927, S.186)

im Jahr 1856	100 Gäste
1858	263
1863	566
1864	119
1865	1.000
1871	1.373
1880	2.017
1890	7.292
1901	16.251

rapide zurück, wobei die Abnahme auch mitbedingt war durch die
Einführung neuer Examensvorschriften für Seeleute durch die
preußische Regierung (vgl. Jensen 1891, S.136-138).
Die Bevölkerungszahl erhöhte sich durch Zuwanderung von Unter-
nehmern und Arbeitskräften. Die vorher relativ abgeschlossene
Inselwelt war nun verstärkt direkten Einflüssen von außen aus-
gesetzt. Zu denken ist dabei besonders an die Konfrontation der
Einheimischen mit einem Badepublikum, welches sich vor allem
aus Mitgliedern der Oberschicht zusammensetzte.
Die Zentralortfunktionen verlagerten sich von Keitum, dem alten
Mittelpunkt der Insel, nach Westerland. Dort etablierten sich
nach und nach neue soziale und technische Einrichtungen, die
letztendlich in Verbindung mit der Auflösung der Selbstverwaltung auch die gewachsenen Strukturen des Medizinalwesens veränderten.[1]

1 Eine eingehende Darstellung besonders auch der Anfangsjahre
  des Bades geben Voigt/Wedemeyer 1980.

3. Das schleswig-holsteinische Medizinalwesen in seiner Beziehung zur ärztlichen Versorgung der Insel Sylt

Das Medizinalwesen in den Herzogtümern Schleswig und Holstein als Teil des dänischen Gesamtstaates[1] war durch wenige übergreifende und eine Fülle von Einzelvorschriften geregelt, die häufig nur auf lokale Verhältnisse bezogen waren.[2]
Die erste rechtliche Grundlage war die "Medicinal- und Apotheker Ordnung für die Königlichen Reiche und Lande, vom 4.December 1672" (Dohrn 1834, S.36-44). Die staatliche Medizinalpolitik im 17. und 18.Jahrhundert beschränkte sich weitgehend auf die Gewährleistung medizinalpolizeilicher Tätigkeiten und ermöglichte zumindest im geringen Umfang eine Kontrolle der Ärzte. Eine genauere Organisation begann mit der Physikatsordnung von 1757 (Dohrn 1834, S.53-59).
Eine Sicherstellung der ärztlichen Versorgung für die Bevölkerung war erst im 19.Jahrhundert Gegenstand staatlicher Gesundheitspolitik in den Herzogtümern. Auf Sylt wurde diese schon früh im 18.Jahrhundert als kommunale Aufgabe begriffen. Dieses erklärt sich zum einen aus der Insellage und der in gewissem Rahmen vorhandenen Eigenständigkeit ihrer Bewohner, zum anderen aus dem relativen Wohlstand, der auch in dieser Beziehung eine Unabhängigkeit ermöglichte.

---

1 Eine umfassende Behandlung des Medizinalwesens der Herzogtümer liegt bisher nicht vor. Mit den Entwicklungen in der Organisation des Gesundheitswesens von 1800 bis zur Mitte des Jahrhunderts befaßt sich in einer verwaltungsgeschichtlich ausgelegten Untersuchung Jenner 1979; vgl. auch Jenner 1982, wo einige zusätzliche Aspekte ausgeführt werden. Der dänische Autor Brix (1981) bezieht den Zeitraum von 1852-1864 mit ein. Ab 1867 nimmt Schleswig-Holstein teil an der Medizinalgeschichte Preußens und des Deutschen Reiches, vgl. hierzu Fischer 1933. Sehr detailliert werden die Entwicklungen der Provinz in der Gesetzgebung, Fortschritte der Hygiene, ausführliche Krankheits- und Medizinalpersonenstatistiken u.a. von Bockendahl (1872-1883, 1887-1889, 1893, 1895) dokumentiert. Vgl. auch Mitteilungen für den Verein Schleswig-Holsteinischer Ärzte 1866-1887. Zum Hintergrund und zum Verständnis der Entwicklungen der Heilkunde siehe auch die medizinhistorische Gesamtdarstellung von Diepgen 1955.

2 Übersichten der Gesetze und Verordnungen des Medizinalwesens in den Herzogtümern geben: Forchhammer 1824; Dohrn 1834; Anonym 1846; Langenheim 1854; Staack 1891.

Mit dem Verweis auf die frühe Entwicklung ist jedoch nicht der
Beginn einer ärztlichen Versorgung überhaupt zu bezeichnen,
diese läßt sich vielmehr bis zum Jahre 1600 zurückverfolgen.
Sie war im darauffolgenden 17. und 18.Jahrhundert geprägt von
frei praktizierenden Chirurgen und Barbieren.
Erste zumindest zeitweise von der Gemeinschaft erfolgte finanzielle Zuwendungen an Chirurgen, soweit quellenmäßig greifbar,
sind schon ab Anfang des 18.Jahrhunderts als Ausdruck einer
öffentlichen Integration der ärztlich Tätigen nachweisbar. Eine
nur speziell für die Landschaft Sylt gültige königliche Resolution aus dem Jahre 1792 war bis 1890 bestimmend für die Versorgung der Inselbevölkerung durch als kommunale Beamte angestellte Ärzte - die Landschaftsärzte. Durch diese Institution erhielt
die ärztliche Versorgung eine Kontinuität. Der zweite Landschaftsarzt, wie auch die nachfolgenden, hatten ihre Ausbildung
an Universitäten absolviert. Dieses spiegelt die Gesamtentwick-
lung wider, denn insgesamt traten ab Ende des 18.Jahrhunderts
in Schleswig-Holstein mehr und mehr studierte Ärzte an die Stelle der alten Wundärzte. Die Bedeutung der Chirurgen und Barbiere nahm nach der Verschärfung ihrer Ausbildungsbedingungen
1786 ab.
Genaue Angaben über die Zahl der Ärzte in beiden Herzogtümern
liegen erst ab 1812 vor (nach Jenner 1979, S.144-145; vgl. auch
Suadicani 1910):

Tab.3:

Promovierte Ärzte	89
Chirurgen mit medizinischer Praxis	21
Amts- und Distriktschirurgen	10
Chirurgen ohne medizinische Praxis	12
Militärchirurgen	7

1812 gab es insgesamt 139 Ärzte. Von diesen arbeiteten nur rund
10 % in ländlichen Gebieten und allein ein Drittel in den großen Städten Altona, Kiel, Schleswig und Flensburg. Eine Übersicht vermittelt die folgende Karte.

Karte 2: Verteilung der Ärzte in den Herzogtümern Schleswig
und Holstein im Jahre 1812 (nach Jenner 1982, S.72)

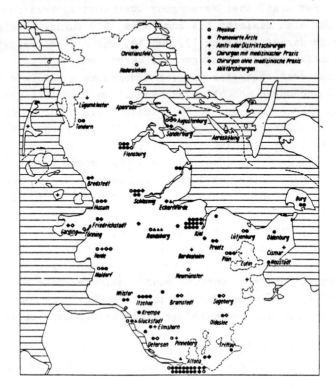

Besonders in den 40er und 50er Jahren war dann eine stärkere
Zunahme der Ärztezahlen zu verzeichnen.

Tab.4: Übersicht über die Entwicklung der Ärztezahlen im
Herzogtum Schleswig (nach Bockendahl 1874, S.17)

im Jahr	1820	55 Ärzte
	1825	61
	1830	63
	1840	90
	1845	109
	1855	133
	1860	144
	1865	131
	1868	125
	1871	117

Theoretisch bedeutete dies um 1830 ein Verhältnis von einem
Arzt auf ca. 8.000 Einwohner (vgl. Jenner 1979, S.145-150).
Die in den Herzogtümern arbeitenden Ärzte waren meist
auch dort beheimatet und hatten ihre Ausbildung in Kiel an der
Landesuniversität mit der Promotion zum Dr.med. et chir. be-
endet.[1] Jeder inländische Arzt konnte sich in den Herzogtümern
niederlassen, nur der Zuzug ausländischer, d.h. nicht aus dem
dänischen Staatsgebiet stammender Ärzte war Beschränkungen
unterworfen.[2] Auf dem Lande arbeiteten die meisten als Privat-
ärzte.[3] Ihre Honorare richteten sich nach der gültigen Medizinaltaxe.[4]
Besondere Verhältnisse das Einkommen betreffend bestanden in
den dünnbesiedelten Landesteilen und auf den abgelegenen Inseln
mit ihren nur geringen Einwohnerzahlen.[5] Daher ergab sich dort
als Anreiz zur Ansiedlung und zur weiteren Existenzsicherung
der Ärzte und ihrer Familien die Notwendigkeit finanzieller Förderung von kommunaler oder staatlicher Seite.
Daneben existierte in Schleswig-Holstein wie in anderen Ländern
die Institution der Physikate. Die Herzogtümer waren aufgrund
der dünnen Besiedlung und kulturlandschaftlichen Untergliederung
in teilweise flächenmäßig sehr große Physikatsbezirke aufgeteilt.
Die Physici waren staatlich angestellte Ärzte, die neben
ihren festgeschriebenen Aufgaben auch eine Privatpraxis betrieben. Jeder Arzt, der über eine längere Berufserfahrung verfügte,
konnte nach einer Prüfung vor dem Sanitätskollegium in Kiel in
das Amt des Physikus berufen werden. Sie waren zuständig für die
örtliche Medizinalpolizei, besonders die Seuchenabwehr, nahmen

---

1 Vgl. Achelis 1960, 1966. Ab Anfang des 19.Jahrhunderts wurden
  die Medizinstudenten in Kiel auch in der Geburtshilfe unterrichtet, hierzu Hörmann/Philipp 1955, S.2-4.

2 Zur Ausbildung der Ärzte und zur Niederlassungsfreiheit vgl.
  Anonym 1846, S.11-12.

3 Verzeichnisse der in den Herzogtümern niedergelassenen Ärzte
  namentlich mit Wohnsitz und teilweise mit Tätigkeitsbezeich-
  nung aufgeführt in: Königlicher Dänischer Hof- und Staats-
  Kalender auf das Jahr 1774, 1785-1865 und später bei Bockendahl 1872-1895.

4 Patent vom 11.6.1820, abgedruckt bei Dohrn 1834, S.82-87.

5 Vgl. die zeitgenössische Einschätzung in Anonym 1860, S.65.

gerichtsmedizinische Funktionen wahr und überwachten die Apotheker und Hebammen. Halbjährlich bzw. jährlich hatten sie Berichte an die übergeordnete Medizinalbehörde, das Sanitätskollegium, zu erstellen, wobei sie auch auf Berichte der in ihrem
Bezirk tätigen Ärzte zurückgriffen (vgl. Jenner 1979, S.143-
144).
Das Schleswig-Holsteinische Sanitätskollegium wurde im Jahre
1804 gegründet. Es entstand damit erstmals eine funktionieren-
de übergeordnete Medizinalbehörde für die Herzogtümer. Das
Sanitätskollegium prägte maßgeblich die Entwicklungen des Gesundheitswesens bis zu seiner Auflösung im Jahre 1852.[1] Ihm
waren alle sogenannten Medizinalverwandten untergeordnet.

Ein Hauptaugenmerk seiner Arbeit richtete das Sanitätskollegium darauf, die ärztliche Versorgung besonders auch in
ländlichen Gebieten zu verbessern. Dazu erarbeitete es bald nach
seiner Gründung einen umfassenden Reformvorschlag (vgl. Jenner
1979, S.61-62).
Grundlage einer Neuaufteilung sollten nicht mehr die Verwaltungs-
grenzen der flächenmäßig recht unterschiedlich großen Ämter und
Distrikte, sondern medizinisch praktische Notwendigkeiten sein.
Um eine ausreichende ärztliche Versorgung auf dem Lande zu er-
reichen, sollten die Physikatsbezirke vermehrt werden. Für jedes Physikat war geplant, neben dem Physikus einen weiteren
Arzt als Distriktsarzt anzustellen. Dieser sollte im gleichen
Bezirk an einem anderen, möglichst weit vom Amtssitz des Physi-
kus entfernten Ort tätig werden.
Zur Begründung dieser geplanten Neuerung hieß es:

> "Die Anstellung von Districtsärzten kann das Collegium
> nicht genug empfehlen; sie sind es, bei denen ... die
> von Hülfe weit entfernten Landbewohner in gewöhnlichen
> Krankheiten, äußeren Verletzungen, bei Entbindungen und
> mit einem Scheinthode plötzlich befallenen eine baldige
> und nöthige Zuflucht suchen und erhalten können" (zit.
> nach Jenner 1979, S.62).

Durch die Einführung von Distriktsärzten sollte auch der weit-
verbreiteten Pfuscherei und Quacksalberei entgegengewirkt wer-

---

1 Zu den Aufgaben und der Arbeit des Sanitätskollegiums vgl.
  die ausführlichen Darstellungen von Jenner 1979, S.30-59 u.
  S.98-109 sowie Brix 1981, S.79-91.

den. Finanziellen Erwägungen und der zunehmenden Arztdichte mag
es zuzuschreiben sein, daß dieser Reformgedanke nicht verwirk-
licht wurde.

So blieb z.B. die Insel Sylt weiterhin Teil des Physikats Tondern. Ein vom Sanitätskollegium vorgeschlagenes Inselphysikat
wurde nicht eingerichtet. Es sollte ursprünglich die Nordfriesischen Inseln zu einem Physikat mit Sitz in Wyk auf Föhr zu-
sammenfassen (vgl. Jenner 1979, S.79).

Die Neueinteilung der Physikatsgrenzen erfolgte erst nach der
Trennung der gemeinsamen Medizinalverwaltung für die Herzog-
tümer infolge der kriegerischen Auseinandersetzungen von 1848
bis 1851 (vgl. Jenner 1979, S.97f. u. Brix 1981, S.86-90).
Auch die übrige Verwaltung wurde neu organisiert (vgl. Brandt/
Klüver 1976, S.254-258).

Die starken Veränderungen, die sich an die schleswig-holsteinische Erhebung anschlossen, wirkten sich bis auf die kommunale
Ebene aus. Die veränderte Politik der dänischen Regierung im
Herzogtum Schleswig bis 1864 wurde von schleswig-holsteinischen
bzw. deutsch-nationalen Kreisen auch als "Danisirungsbestreben"
bezeichnet (nach Schwarzbuch über die Dänische Missregierung...
1864, S.I).

1852 wurde für den Landesteil Schleswig ein eigenes Sanitätskollegium in Flensburg mit nur noch allein beratender Funktion
geschaffen und ein mit weitreichenden Befugnissen ausgestatte-
ter Medizinalinspektor eingesetzt. Dieses Amt wurde durch die
Persönlichkeit des Amtsinhabers Dr.med. Schleisner insofern
stark geprägt, als er in seiner regierungstreuen Medizinalpolitik für die Dauer des Bestehens dieser Einrichtung sich besonders bei Stellenneubesetzungen von Ärzten und Apothekern starker Kritik aussetzte.[1]

Viele staatlich und kommunal angestellte Ärzte wie auch andere

---

1 Zwei über hundert Jahre auseinanderliegende Veröffentlichungen setzen sich mit der dänischen Medizinalpolitik im Herzogtum Schleswig von 1852-1864, insbesondere den personellen Auswirkungen, auseinander: Bockendahl/Rüppel 1864 und Brix 1981.
Die zeitgenössische Veröffentlichung ist geprägt von den kurz
vorher stattgehabten Ereignissen. Sie fußt weitgehend auf
Aktenmaterial und veranschaulicht anhand von Beispielen u.a.
Sylter Geschehnisse. Vgl. hierzu Brix 1981, der die Sachver-
halte eher zurückhaltend wertet.

Beamte verloren ihren Arbeitsplatz aus politischen Gründen und
wurden durch dänische oder landesansässige dem König gegenüber
loyale Männer ersetzt.

Mit der veränderten Personalpolitik hat sich neuerdings der
dänische Autor Johannes Brix ausführlich auseinandergesetzt und
diese analysiert (vgl. Brix 1981, S.13-18 u. S.84-89). Er ver-
mutet, daß man in verantwortungsvollen Stellen, wie sie beispielsweise von Ärzten und Apothekern eingenommen wurden, Personen wünschte, die zu einer Zusammenarbeit mit der neuen Medizinalverwaltung fähig wären. In seiner weiteren Einschätzung
fährt Brix fort, daß eine Neubesetzung zahlreicher Arztstellen
kurzfristig notwendig geworden wäre. Es bestand die Schwierig-
keit, nach 1851 genügend loyal gesinnte Ärzte für die vakant
gewordenen Stellen zu finden. Der Medizinalinspektor mußte deshalb, so stellt der Autor fest, in nicht seltenen Fällen Ärzte
einstellen, deren Qualifikation problematisch war, aber die dafür loyal zum König standen. Die personellen Veränderungen in
Form eines starken Zustroms dänischer Ärzte werden anhand des
Vergleichs von Niederlassungszahlen für den Raum Nordschleswig
vor und nach 1848 bis 1851 deutlich. Dabei fällt auf, daß die
Ärzte nach 1851 häufig nur vergleichsweise kurz in der Region
praktizierten.[1]

Bei der Interpretation verhält sich der Autor eher zurückhaltend.

> "Die Ursachen kann man nur erraten, daher ist guter Grund
> zu glauben, daß die Arbeitsverhältnisse für reichsdäni-
> sche Ärzte sehr schwierig waren und die unsicheren Ver-
> hältnisse sicher eine Rolle gespielt haben" (übersetzt
> aus dem Dänischen, bei Brix 1981, S.18).

Der Krieg von 1864 beendete diese Periode. Teilweise kam es
nach dem Machtwechsel zu einer Personalpolitik unter umgekehrten Vorzeichen, die sich aber im Medizinalbereich beispielsweise
auf der Insel Sylt nicht auswirkte (vgl. Bockendahl 1874, S.31f.).
Unter der preußischen Regierung wurde die Medizinalpolitik für

---

1 Nach einer Auswertung von Brix 1981, S.14f. ließen sich von
  1786 bis 1848 im nordschleswigschen Raum 45 Ärzte nieder, von
  denen 2 in Kopenhagen, 35 in Kiel und 6 außerhalb des König-
  reichs studiert hatten. Von 1852 bis 1864 kamen von 20 neuen
  Ärzten allein 13 aus Kopenhagen, nur 6 aus Kiel und einer aus
  dem Ausland.

die Herzogtümer vereinheitlicht. Nach einer Übergangszeit wurde
ein Regierungsmedizinalrat, Prof. Dr.med. Bockendahl, für die
Provinz eingesetzt und damit die Trennung der Medizinalverwaltung aufgehoben. Bockendahl hat sich um das schleswig-holsteinische Medizinalwesen verdient gemacht. Wir verdanken ihm medi-
zinalhistorisch aufschlußreiche Quellen in Form von jährlichen
Generalberichten über das öffentliche Gesundheitswesen. Darin
stellte Bockendahl ab 1871 ausführlich die Entwicklungen im
Gesundheitswesen dar.[1]
Mit der Eingliederung in das preußische Königreich nahm die Provinz Schleswig-Holstein nun teil an den Entwicklungen in Preußen bzw. im Deutschen Reich. Hervorzuheben ist die Einführung
der Krankenversicherung 1884.
Es kam allerdings nicht zu einer völligen Neuordnung des Medizinalwesens. Zahlreiche Rechtsvorschriften der dänischen Regierung wurden vorerst beibehalten. So behielt auch die Rechts-
grundlage für die Anstellung der Landschaftsärzte ihre Gültigkeit bis 1890.

---

1 Siehe oben S.14, Anm.1.

4. Die ärztliche Versorgung der Insel Sylt im 17. und 18.Jahrhundert bis zur Anstellung des ersten Landschaftsarztes 1786

Es sind von 1600 bis 1792 in bemerkenswerter Zahl Chirurgen und Barbiere für Sylt nachweisbar.[1]
Der erste namentlich bekannte Barbier der Insel war Meister Hanß Detlefsen Balbirer. Er erhielt am 2.Januar 1600 einen "Begnadigungsbrief auf die Freiheit des ersten Verbandes für die Inseln Sylt und Föhr" vom Tonderner Amtmann ausgehändigt.[2]

Den Wortlaut eines ähnlich lautenden Dokuments über eine "Bestellung und Freiheit" für einen im Festlandsbereich des Amtes Tondern tätigen Chirurgen hat Ludwig Andresen (1943, S.13f.) veröffentlicht (s. Anhang S. 89). Schon zu diesem frühen Zeitpunkt hat damit eine amtliche Einflußnahme auf das Medizinalwesen der Insel Sylt stattgefunden. Im Vordergrund dieser Einrichtung stand von seiten der Obrigkeit weniger die Sorge um die medizinische Versorgung der Bevölkerung als vielmehr das Interesse, über Vergehen von Untertanen mit Verletzungsfolge unterrichtet zu werden und darauf gegebenenfalls eine Strafverfolgung vorzunehmen oder Bruchgelder zu verlangen.

Diese amtlich bestellten Chirurgen können als Vorläufer der ab 1691 im Amt Tondern tätigen Physici betrachtet werden. Das Physikat Tondern war die erste Einrichtung dieser Art in den Herzogtümern. Der amtierende Physikus hatte von da an die Oberaufsicht über die Chirurgen und Barbiere der Insel. In der herzoglichen Bestallungsurkunde des ersten Physikus für Tondern, Dr.med. Reinboth, vom 10.Februar 1691 heißt es, Reinboth solle

> "Uns getreu, hold und gewärtig sein, Unsern Nutzen fördern, Schaden und Nachtheil seinem Vermögen nach kehren und abwenden helfen, insonderheit aber schuldig sein, die ihm alß Ambts Physiko zustehenden Obliegenheiten getreuen Fleißes zu verrichten auff denen Apotheken zu dem Ende, daß selbige mit tüchtigen Wahren versehen seyn mögen, fleißige Aufsicht zu haben, das Examen der Chyrurgorum et obstetricum über sich zu nehmen, bey ereignenden Fäl-

---

1 Eine namentliche Aufstellung der auf Sylt zumindest zeitweise ansässigen Chirurgen und Barbiere und eine ausführliche Darstellung im Anhang, S.87f.

2 Vgl. Andresen 1943, S.14. Zur Medizinalgeschichte Tonderns nach 1700 vgl. Carstens 1861, S.211-222.

len denen Inspectionibus Vulnerum beyzuwohnen, und in
summa alles dasjenige zu beobachten, was einem getreuen
Ambts Physico eignet, gebühret und woll anstehet" (zit.
nach Andresen 1943, S.28).

Allein schon wegen der schlechten Verkehrslage besonders in der
kalten Jahreszeit kamen die Physici nur zu besonderen Anlässen
auf die Insel.[1] Die Insulaner waren auf ansässige Wundärzte
angewiesen. Nur in Ausnahmefällen war es für die Sylter Einwohner möglich, die auf dem Festland ansässigen Heilkundigen
mit teils ausgeprägter Spezialisierung zu konsultieren, soweit
es die Witterung, ihr gesundheitlicher Zustand und, nicht zu
vergessen, ihre Vermögensverhältnisse erlaubten.
Am ehesten ist dabei aus Verkehrsgründen an Verbindungen nach
Tondern zu denken. Für Tondern im 17.Jahrhundert berichtet Ludwig Andresen 1943 von Chirurgen, Barbieren, Starstechern, Stein-
schneidern und Badern. Der erste studierte Arzt war dort ab
1649 tätig. Die Tonderner Apotheke wurde 1623 gegründet (vgl.
Andresen 1943, S.18 u. 23).
Die Überlieferungen über die Chirurgen und Barbiere zur gleichen Zeit auf Sylt beschränken sich weitgehend auf die Namens-
nennung in Kirchenbüchern und Bruchprotokollen sowie in Zusammenhang mit Vermögensangelegenheiten.
Der konkrete Nachweis der Fähigkeiten der Wundärzte läßt sich
nur anhand einzelner Berichte über die Versorgung von Verletz-
ten nach Straftaten erahnen.[2]
Besser läßt sich dagegen der Stand der medizinischen Versorgung für das 18.Jahrhundert skizzieren. Der Landvogt Mathias
Mathiessen schrieb in einem Bericht vom 22.6.1752:

---

1 Schmidt-Eppendorf (1977, S.144-147) beschreibt anhand von
  Prozeßakten für das Jahr 1760 einen Giftmord durch Arsen. Die
  Todesursache stellte der herbeigerufene Tonderner Physikus
  nach einer Obduktion fest.- Der Sylter Rat fällte über die
  Mörderin ein Todesurteil.

2 Zum Beispiel berichtet Hansen (1891, S.147f.) anhand von Pro-
  tokollen des Landvogts aus dem Jahre 1702: "Anna Margaret
  Tamen tho Westerlandt Clagedt Auer Ehre Mann Tam Bleken des
  Wegen, dat He den 14.November 1702 in Ehr egen Behüsing ohne
  Jenige Orsaken mit Syn Mest gefährlich in Ehr linke Brust
  gestaken und verwundet, dat Se Sich Under de Hand des Arsten
  Mons Johannes Cruppe tho Keitum hefft geven möten."

"Nicht selten pfleget es zu geschehen, daß die Schiffer
oder so genannte Commandeurs, welche von Holland, Bremen,
Hamburg etc. auf Grönland und den Wallfischfang fahren,
ihre auf den Schiffen mit sich führende Chyrurgos zur
Herbst Zeit bey ihrer Rückkunft mit sich nach Hause nehmen,
welche dan den Winter über daselbst sich aufhalten und
nachher wieder mit ihren Commandeurs auf die Grönländi-
sche .... oder anderswo hin begeben" (LAS - Abt. 65.2.
Nr.1807).

Um dieser Fluktuation zu begegnen und auch für die Monate der
Grönlandfahrten Chirurgen auf der Insel zu halten, hatte die
Landschaft Sylt ab ungefähr 1727 neben dem derzeit auf der Insel
ansässigen Meister Windt dem Chirurgen Bauch "in Hinsicht seiner besonderen Curen und damit er nicht alle Sommer nach Grönland ginge /⁻..⁻7 angenommen" und eine jährliche Zuwendung gezahlt.[1] Bauch war damit der erste Chirurg, von dem bekannt ist,
daß er eine finanzielle Förderung bekam. Er erhielt aus der
kommunalen Kasse nachweisbar für zweimal 6 Jahre 52 Reichsthaler
jährlich (1737-1748).[2] Ob ihm neben der Verpflichtung, ganzjährig auf der Insel zu bleiben, noch weitere Bedingungen auferlegt worden waren, ist nicht überliefert.

Die Sylter betrachteten es als ihre "Landesfreyheit", daß sich
"ein jeder Chirurgus der von uns gewolt, hat nieder setzen und
practisiren können," und betonten, daß sie seit "uralten Zeiten
keinen privativum Chirurgum" gehabt hätten.[3] Anlaß für diese
Feststellung war eine Auseinandersetzung um die Freizügigkeit
der Niederlassung von Wundärzten auf der Insel Sylt nach der
Verleihung eines "Privilegium privativum für den Chirurgum
Jacob Lorentzen, zu Treibung der Chirurgie auf der Insul Sylt"
am 19.Oktober 1750.[4]
Der Landvogt Mathiessen hatte 1749 nach dem Tode der beiden
Chirurgen Bauch und Windt seinen Vetter Lorentzen auf die Insel
geholt und ihm wahrscheinlich günstige wirtschaftliche Aussich-

---

1 Schreiben von 6 Landesgevollmächtigten an den König vom
  18.5.1752 - LAS - Abt. 65.2. Nr.1807.

2 Ebd.

3 Ebd.

4 Die Darstellung der Geschehnisse im Anschluß an die Verleihung des Privilegs stützen sich auf die Akten LAS - Abt.65.2.
  Nr.1807. Text des Privilegs im Anhang S.90.

ten avisiert. Dann ließ sich aber unerwartet im selben Jahr
ein weiterer Chirurg, Hogenkamp, auf der Insel nieder. Dieser
hatte sich bald einen guten Ruf erworben und trat in Konkurrenz
zu Lorentzen. Über den Werdegang dieser beiden lassen sich
folgende für Chirurgen dieser Zeit durchaus typische Angaben
machen.
Hogenkamp hatte nach einer Apothekerlehre das Handwerk der
Chirurgie bei einem Feldscherer der Rendsburger Garnison er-
lernt. Als Meister der Rendsburger Barbierinnung hatte er dort
für kurze Zeit eine Praxis betrieben und war anschließend als
Schiffschirurg von Amsterdam aus nach Grönland gefahren. Von
einer dieser Fangreisen war er mit Sylter Seeleuten im Herbst
1749 auf die Insel gekommen. ·

Abb.1: Meisterbrief von Michael Hogenkamp (LAS - Abt. 65.2.
Nr.1807)

Lorentzen, ein Predigersohn von Amrum, war vor seiner Sylter
Zeit nach einigen Lehr- und Wanderjahren in Flensburg als Amts-
chirurgus tätig gewesen.
Nach Erteilung des Privilegs an Lorentzen, wofür der Landvogt
seinen Einfluß geltend gemacht hatte, war es seinem Kollegen
Hogenkamp gegen Strafe untersagt, auf der Insel ärztlich tätig
zu sein. Dieser Eingriff in die Landesfreiheit rief Proteste
des Betroffenen hervor. Hogenkamp bekam in seinem Anliegen
Unterstützung von Repräsentanten der Selbstverwaltung, Freunden und Patienten.
Aus einem "Testimonium" des Morsumer Pastors Krohn vom 8.5.1751
geht hervor, daß er die an einen Arzt jener Zeit gestellten
moralischen Erwartungen erfüllte. Hogenkamp wurde attestiert:

> "1. daß unser Herr Georg Michael Hogenkamp, bekannter maßen
> gantz nüchtern u. mäßig in allen Stücken Christl. u. ehr-
> bar lebet.
> 2. daß die Patienten in meiner Gemein mit ihm wohl zufrie-
> den sowohl mit seiner /unleserlich/, äüßerlichen Curen,
> billiger Bezahlung u.
> 3. daß diese Insul so weitläufig, der Einwohner so viel,
> wie folglich eine pure unmögliche Sache ist, daß die
> lästigen Geschäfte von einem eintzigen Chirurgo kaum und
> wohl gerichtet werden, wie da bis dato sich ihrer zwey
> aufgehalten, ihre Nahrung gehabt, und wie jeder Einwohner
> denjenigen ungehindert gesuchet, zu dem sie das beste Ver-
> trauen gehabt; (...)" (LAS - Abt. 65.2. Nr.1807).

In sieben Bescheinigungen von Patienten werden seine medizinischen Leistungen bezeugt (s. Anhang S. 91f.). Sie geben einen
Eindruck vom ärztlichen und handwerklichen Können eines Chirurgen dieser Zeit.[1] Dies führte dazu, daß sich die Obrigkeit
einer Petition Hogenkamps mit dem Wunsch einer Erlaubnis auf
Wiederaufnahme seiner beruflichen Tätigkeit nicht verschloß,
zumal eine genaue Untersuchung ergeben hatte, daß das Privileg
Lorentzen aufgrund einer einseitigen Stellungnahme durch den
Landvogt zugestanden und Vetternwirtschaft offenkundig geworden
war.
Hogenkamp wurde 1753 dann ein fast wortgleiches Privileg zugestanden und dem Landvogt Mathiessen eine Rüge erteilt.

---

1 Es wird ein interessanter Querschnitt über das Können der
  Chirurgen dieser Zeit vermittelt, vgl. Gurlt 1898, insbes.
  S.1-30 u. S.443-446.

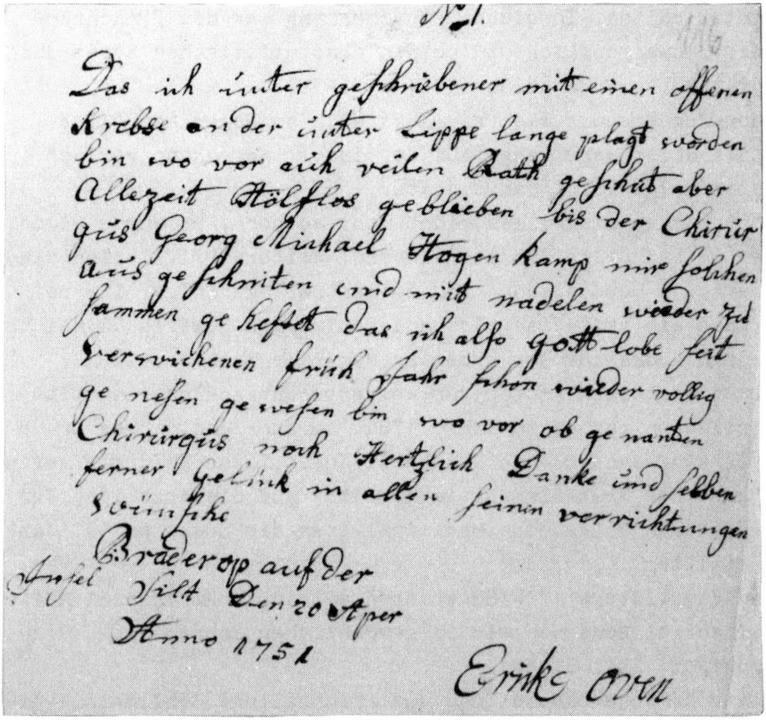

No 1.

Das ich unter geschriebener mit einen offenen
Krebse an der unter Lippe lange plagt worden
bin wo vor auch veilen Rath geschat aber
Allezeit Hölflos gebleiben bis der Chirur
gus Georg Michael Hogen kamp mir solchen
aus ge schniten und mit nadelen wieder zu
sammen ge heftet das ich also gott lobe seit
verwichenen früh Jahr schon wieder vollig
ge nesen gewesen bin wo vor ob ge nanten
Chirurgus noch Hertzlich Danke und selben
ferner Gelück in allen seinen verrichtungen
wünsche

Braderup auf der
Insel Silt Den 20 Aper
Anno 1751

Ericke Oven

Abb.2: Bescheinigung des Erick Oven aus Braderup über den Chirurgen Hogenkamp (LAS - Abt. 65.2. Nr.1807)

Der Inhalt des Privilegs, die Eidformeln (s. Anhang, S.93), die beide Chirurgen im Tonderner Amtshaus ablegen mußten, und die Tatsache, daß sich beide bald nach ihrer Niederlassung einer Prüfung durch den Physikus unterziehen mußten (Zeugnis im Anhang, S.93), geben einen Einblick in das Bemühen der Obrigkeit, einen gewissen Qualifikationsstand der Chirurgen zu gewährleisten. Gleichzeitig verstand man es, Staatsinteressen zu verankern.

In der Ausübung ihrer Tätigkeit sollten sich die Chirurgen auf ihre erlernte Kunst beschränken. Bei Anforderungen, die ihre Fähigkeiten überstiegen, waren sie aufgefordert, einen Medikus zu konsultieren, wobei zweifelhaft bleiben muß, inwieweit sie diese Forderung bei der Insellage erfüllen konnten. Ausdrücklich werden die Chirurgen angewiesen, sich an die Medizinal-

gesetze zu halten. In diesem Zusammenhang war die Einschrän-
kung der Schweigepflicht für einen absolutistischen Staat durchaus typisch (vgl. Bachmann 1952, S.33-39).
Nach der Zugestehung des Privilegs auch an Hogenkamp blieb
Lorentzen nicht mehr lange auf der Insel. Hogenkamp verließ
Sylt ebenfalls einige Jahre später.[1]
Danach schlugen die Wellen nicht mehr so hoch, es wurde wieder
ruhiger um das Sylter Medizinalwesen. Weitere Privilegien sind
nicht erteilt worden. Noch von zweien der Nachfolger ist bekannt, daß sie zeitweise als Landeschirurgen jeweils 52 Reichsthaler "in Rücksicht der Armen an Medikamenten erhielten".[2]
　　　Einen wichtigen Anstoß zur weiteren Entwicklung im Sylter
Medizinalwesen gab es im Jahre 1784. Am Ende des Jahres brach
auf Sylt eine ansteckende Krankheit aus.[3] Diese Epidemie veranlaßte zu einer Neubesinnung im Hinblick auf die ärztliche Versorgung, deren Folgen das Medizinalwesen die nächsten 100 Jahre
prägen sollten.
Während des Winters 1784/85 starben allein im Kirchspiel Keitum
viermal soviel Menschen wie in gewöhnlichen Jahren (vgl. Rinkenchronik I, SyA, S.130).
Eine literarische Darstellung und anschauliche Schilderung dieser Epidemie gibt Margarete Boie in ihrem Roman "Moiken Peter
Ohm" (1982):[4]

---

1 Koehn (1961, S.183) erwähnt für 1762 und 1780 einen Chirur-
　gen Hogenkamp auf der Nachbarinsel Föhr. Von Lorentzen ist
　bekannt, daß er 1753 von Flensburg aus nach Grönland auf Wal-
　fang fuhr (Mat.Slg. Schmidt-Eppendorf).

2 Die Zahlung ist ausgewiesen in der Sylter Anlagerechnung von
　1774 und 1775 als Zahlung an den Chirurgen Plötzius, zitiert
　nach Mat.Slg. Schmidt-Eppendorf.
　Der Chirurg Lüders erhielt nach seiner Niederlassung auf Sylt
　von 1782-1784 und evtl. 1785 jährlich 52 Reichsthaler. Über
　ihn wurde 1788 berichtet, daß er sich zum Zeitpunkt der An-
　stellung des ersten Landschaftsarztes 1786 dem Trunke ergeben
　und unbrauchbar gemacht hätte (LAS - Abt. 65.2. Nr.1807).

3 Hansen 1845, S.184. Hansen (1865, S.221) bezeichnet die In-
　fektionskrankheit als "Faulfieber"; diese Bezeichnung wurde
　zu jener Zeit häufig für Typhus verwandt, die historische Dia-
　gnose ist allerdings nicht sicher.

4 Im Nachwort des Buches wird die Autorin Margarete Boie von
　Wedemeyer (1982, S.250) als "zuverlässige historische Roman-
　schriftstellerin" eingestuft.

"Wenn Moiken später daran zurückdachte, wunderte sie sich,
daß niemand gemerkt hatte, wie wenig die Mutter sich mit
ihm freute. Sie hatte noch nichts gerichtet, als er kam,
und schleppte sich nur so im Hause herum. Nichts kam vor-
an; ihr wäre nicht recht, meinte sie. Des Morgens war sie
wie unbesinnlich, und eines Tages stand sie gar nicht auf.
Sie erkannte weder Mann noch Kinder, hielt die Augen geschlossen und stöhnte. Peter Ohm rief die Nachbarin her-
bei; die kam, besah die Kranke und meinte, es wäre wohl
das Faulfieber. Bei Claasens lägen zwei damit, bei Peter-
sens drei; es gäbe fast kein Haus mehr, in dem niemand
krank läge. Ihre Creßen hätte es auch gehabt, aber nachdem sie tüchtig Flohkraut gekaut hätte, wäre es besser
geworden.
Peter Ohm ging zum Anwachs hinunter und holte Flohkraut,
den bitteren Seewermut; den ließ er die Kranke kauen. Auch
Chinarinde gab er ihr; damit hatte er sich gesund erhalten, als fast seine gesamte Mannschaft unter Bombay am
gelben Fieber erkrankt war. Aber all das nützte nicht viel.
Er schickte seiner Schwiegermutter Botschaft, und sie kam
sogleich von Morsum, um die Krankheit zu besprechen, obgleich ihr Mann daheim auch in hohem Fieber lag; aber kaum
war sie fort, so fing das furchtbare Stöhnen wieder an.
Auch Pastor Petersen kam und betete über der Kranken, aber
seine Bibelsprüche halfen nicht mehr als die Beschwörung
der alten Ingwenne. Als Peter Ohm vierten Tage seiner
eigenen Mutter Bescheid schickte und die auch gleich mit
Sack und Pack, zu langer Krankenpflege gerüstet, einrückte,
konnte sie nur noch ihrer Schwiegertochter die gebrochenen
Augen zudrücken und für ihre Leichenfeier sorgen; die
Krankheit, die vielleicht schon seit Wochen in Moikens
Mutter gesteckt hatte, hatte sie nun in vier Tagen vom
Leben zum Tode gebracht" (Boie 1982, S.12f.).

Unter dem Eindruck dieser Epidemie suchten die kommunalen Repräsentanten und der noch amtierende Landvogt Mathias Mathiessen
die medizinische Versorgung durch die Anstellung eines quali-
fizierten Arztes zu verbessern. Darüber berichtete der Chronist
Henning Rinken 50 Jahre später:

"Als eine für die Menschheit so sehr benöthigte Bedürfnis,
einen ordentlichen Doctor auf Sylt zu haben, immer fühl-
barer wurde, so wurde beschlossen, sich um einen zu erkun-
digen, und so wurde 1785 Christian Friedrich Buchholz aus
Friedrichstadt an der Eyder als Landesarz[1] hierher geruf-

---

1 Für die auf Sylt tätigen Ärzte wandelten sich die Bezeichnun-
gen im Laufe der Zeit; von "Landeschirurgus" bzw. "Landschafts-
chirurgus" oder "Landesarzt" im 18. und Anfang des 19.Jahrhun-
derts zu "Landschaftsarzt", abgeleitet von der auf Sylt üblichen und amtlicherseits benutzten Benennung der Insel als
"das Land Sylt" bzw. "die Landschaft Sylt".
Für die Chirurgen Plötzius und Lüders wurde erstmals der Begriff "Landeschirurgus" verwandt (LAS- Abt. 65.2. Nr.1807).
Der 1786 von der Landschaft angestellte Stabschirurgus Buch-

fen, da er aber hier nicht seyn wollte, als mit 200 Reichsthaler jährlich festen Gehalt, so wurde ihm diese Summe
von den Rathmännern, die damals auch noch Landesgevoll-
mächtigte waren, aus der Landes-Kaße zugestanden, und also
von jedem Contribuenten nach Pflugzahl bezahlt" (Rinkenchronik II, SyA, S.166).

---

holz (1786-1824) wurde zu Lebzeiten auf Sylt als "Landesarzt"
bezeichnet (SyA-LA), im "Königlichen dänischen Hof- und
Staatskalender" wird Buchholz als "Landes- bzw. Landschafts-
chirurgus" (ab 1789) aufgeführt. Bemerkenswert ist, daß er
als einziger Arzt neben den 11 Physici des Landesteils Schleswig genannt wird. Im einzelnen sind im Hof- und Staatskalender (1789, S.210) unter der Überschrift 'Stadt- und Land-
Physici im Schleswigschen' aufgeführt:

Herr Ernst Christian Hartmann, D., Physicus in der Stadt
und dem Amte Hadersleben.
Herr Friedrich Hinrich Wiggers, Med. Doct., Physicus in
der Stadt Apenrade, und den Aemtern Apenrade und Lygum-
closter.
Herr Wilhelm Gottlob Lilie, Med. Dr., Physicus in der
Stadt Flensburg und den Aemtern Flensburg und Bredstedt,
ingleichem Vorsteher und Lehrer der Hebammenschule zu
Flensburg.
Herr Johann Jacob Bendixen, Med. Dr. und Physicus in der
Stadt Schleswig und dem Amte Gottorf.
Herr Ernst Friedrich Wegener, Med. Dr. und Physicus in
der Stadt Eckernförde und dem Amte Hütten.
Herr Georg Wiggers, D., Physicus in den Städten Friderich-
stadt und Husum, und dem Amte Husum.
Herr Georg Heinrich Burchardi, D., Physicus in der Stadt
Sonderburg und den Aemtern Sonderburg und Norburg.
Christian August Müller, Physicus in der Stadt Aerroes-
kiöping und Insel Aerröe.
Herr Johann Gottfried Krichouff, Med. Doct., Physicus in
der Stadt und dem Amte Tondern.
Christian Friedrich Buchholz, Landchirurgus auf Sild.
Herr Joh. Jacob Jaussen, D., Physicus in den Städten Tön-
ning und Garding und in der Landschaft Eidersted, Ever-
schop und Utholm.
Herr Christ. Frid. Thomsen, D., Physicus in der Stadt Burg
und der Landschaft Fehmarn.

Die vor Buchholz auf Sylt tätigen Chirurgen und Barbiere fan-
den im Hof- und Staatskalender keine Erwähnung, sie standen
auch nicht in einem Anstellungsverhältnis zur Landschaft bzw.
zum Land Sylt. Die Stellung von Buchholz war eine neue und
andere als die seiner Vorgänger.
Der Begriff "Landschaftsarzt" taucht zuerst für Dr. Wülfke
(1825-1838) auf, und zwar sowohl auf Sylt (SyA-LA) als auch
im Hof- und Staatskalender. Die Bezeichnung "Landesarzt" verlor an Bedeutung. Rückblickend wurde später auch Buchholz als
der "erste Landschaftsarzt" bezeichnet (SyA-LA).

Im Vergleich zu den bis dahin auf Sylt tätigen Chirurgen wurde
der qualifiziertere Buchholz erstmals als Landesarzt detaillierten Vertragsbedingungen unterworfen. Diese Übernahme der
ärztlichen Versorgung durch einen "ordentlichen Doctor" stieß
allerdings nicht, wie vielleicht zu erwarten gewesen wäre, auf
ungeteilte Gegenliebe der Bevölkerung.[1] Auch war diese Anstellung, wie aufgezeigt werden kann, nicht nur aus gemeinnützigen
Motiven der damaligen Repräsentanten der Insel und des Landvogts erfolgt, sondern es spielten auch handfeste Interessen
der kommunalen Machthaber um das eigene gesundheitliche Wohl
eine Rolle. Verknüpft mit einer allgemeinen und angestauten
Unzufriedenheit über die erstarrten Machtstrukturen sorgten besonders die erhöhten Kosten und die daraus resultierenden vermehrten Steuerlasten für starke Unruhe unter der Bevölkerung.
Das dem Landesarzt Buchholz zugestandene feste Gehalt war viermal höher als die vorher aufgebrachten Zuschüsse für die Landeschirurgen.
Nach dem Tod des mächtigen Landvogts Mathiessen 1788 machte
sich diese Unzufriedenheit in einer Beschwerde an das Königliche Obergericht in Schleswig über die Mißstände in der kommunalen Selbstverwaltung Luft (vgl. Hansen 1845, S.185). Mit der
eingangs beschriebenen Gleichgültigkeit der Inselbewohner gegenüber den Geschehnissen im Gemeinwesen war es vorbei. Das
Obergericht befaßte sich eingehend mit den Verhältnissen während der Amtszeit des verstorbenen Landvogts und stellte am
14.2.1792 fest:

---

1 Interessant ist in diesem Zusammenhang ein Urteil des Sylter
  Chronisten C.P. Hansen über seine Landsleute:

  "Jede Aenderung im Gemeindewesen und Wesen war stets eine
  schwere Geburt auf Sylt und oft ein todtgeborenes Kind.
  Daß mißgeleitete Volk unterschied nicht, was gut oder
  schlecht, nützlich oder schädlich, recht oder unrecht war,
  so lange solches in der Zukunft lag; war mißtrauisch gegen Alles, was ihm vorgeschlagen oder befohlen wurde;
  focht daher gegen Alles an, was ihm aufgedrungen oder von
  ihm gefordert wurde mit einem Muthe und mit einer Aus-
  dauer, die im ganzen einer bessern Leitung und eines bessern Erfolges werth gewesen wären. Daß arme verblendete
  Volk kämpfte noch immer für seine Freiheit und Selbst-
  ständigkeit, nachdem es dieselbe längst verloren, eigentlich nur einige Rechte und Rechtsformen der alten Freiheit
  übrig hatte" (Hansen 1860, S.15).

"Aus diesen hieraus erwachsenen gesammten Acten liegt es
hell genug am Tage, daß der verstorbene Landvogt, Justitz-
rath Matthiessen, die vorigen, wahrscheinlich nicht sehr
leudsamen Landes-Gevollmächtigte seit einigen Jahren dadurch hat eingehen lassen, daß er bey dem allmählichen Ab-
gang derselben, keine Neue bey dem Amthause vorgeschlagen,
dagegen sich und seine beugesamen Rathleute als Landes-
Vorsteher aufgeworfen, dadurch, außer der Rechtspflege,
alle Policey-Oeconomie-Anlage und Hebungs-Angelegenheiten
der gantzen Insel in seine Hände gespielt und die Amt-
männer selbst, so treuhertzig wie nachgebend gemacht habe, daß sie diese Vorsteherschaft gut seyn ließen, (...).
Es ist daher leicht zu erachten, daß sich bey solcher Einrichtung, auf einer abgelegenen Insul, in der Folge Spu-
ren der Eigenmacht und des Eigennutzens entstehen lassen
und daß die Buchholtzsche Ansetzung mit seinem ungewöhn-
lichen Gehalt, wol größtentheils aus einer individuellen
Vorsorge für die Erhaltung des Landvogts und seiner Collegen, geschlossen seyn mag. Diesem Unwesen ist nun durch
die auf Ansuchen der Einwohner wieder eingesetzten Landes-
Gevollmächtigten für das Künftige Wandel geschaft worden"
(LAS – Abt. 65.2. Nr.1807).

Daraufhin wurden 1790 die Landesgevollmächtigten wieder eingesetzt und damit der Einfluß des Sylter Rates und des Landvogts
beschränkt.

Nach dieser Neuordnung der Selbstverwaltung fühlten sich im
Jahre 1791 erneut zahlreiche Einwohner und die neugewählten
Landesgevollmächtigten in einer umfangreichen Eingabe an das
Obergericht ermutigt, diese Sache nochmals aufzugreifen.[1] Sie
beantragten,die Anstellung und damit den Vertrag mit dem Stabschirurgus Buchholz wegen des nicht rechtmäßigen Zustandekom-
mens infolge der mangelnden Zuständigkeit des Sylter Rates
rückgängig zu machen.

1792 wurde eine die ärztliche Versorgung Sylts bis zum Ende des
19.Jahrhunderts bestimmende königliche Resolution erlassen:

"Insel Sylt.
Resolution wie künftig bei der Engagirung eines Chirurgi
auf der Insel Sylt verfahren werden soll, vom 20.April
1792.

Da Se. Königl. Maj. unmittelbar die Beschwerden, welche
von den Landesgevollmächtigten und einem großen Theil der
Eingesessenen der Landschaft Sylt darüber geführet worden, daß die Rathleute, ohne ihr Vorwissen und ihre Zu-
stimmung, den Chirurgus Buchholtz engagiret und demselben

---

1 Diese im Original vorhandene Eingabe, die mit Hilfe des Husumer Millet erstellt wurde, war von fast 600 Einwohnern (!)
  unterzeichnet worden (vgl. LAS – Abt. 65.2. Nr.1807).

mittelst Contracts ein jährliches Gehalt von zwey Hundert
Rthlrn. beigelegt haben, immediate zu erledigen und des
Endes zu resolviren sich bewogen gefunden haben: daß es
bey diesem, von S.K.M. unmittelbar genehmigten, erst nach
Verlauf von fünf Jahren angefochtenen, Contract bewandten
Umständen nach, sein Verbleiben haben, in künftigen Fällen aber, außer der bey der Bestätigung des Contracts bereits reservirten vorgängigen Landesherrlichen Approbation, auch noch den, vom Tonderschen Amthause bestellten
Gevollmächtigten der Landschaft Sylt, das Recht eines ver-
fassungsmäßigen Engagements ihres Chirurgus, ausdrücklich
vorbehalten bleiben solle: so wird sothane Resolution den
Landesgevollmächtigten sowohl, als den Rathleuten hiedurch
bekannt gemacht. Gegeben z. Gottorff den 20sten April 1792"
(aus Dohrn 1834, S.73).

Die vorangegangene Untersuchung und die folgenden Entscheidun-
gen werfen in vielfacher Weise Licht auf das Geschehen (vgl.
LAS-Abt. 65.2. Nr.1807, dat. ·14.1.1788). Das Obergericht setzte sich besonders ausführlich mit den finanziellen Aspekten
der Anstellung auseinander. Denn neben den Beschwerdeführern
hatte auch schon vorher die Königliche Rentekammer in Kopenhagen, welche die Ausgaben der Landschaft kontrollierte, die
hohen Ausgaben bemängelt.

Die Schleswiger Verwaltungsbehörde befand die Höhe der Ausgaben
für den einzigen Chirurgen in Anbetracht der Insellage als notwendig und angemessen. Es wurde ausgeführt, daß über einen
Gegenstand, der die persönliche Wohlfahrt am nächsten anginge,
ohne höhere Erlaubnis ein Vertrag habe abgeschlossen werden dür-
fen. Besonders dieses hatte die Rentekammer beanstandet. Zumal,
so das Obergericht, der Einzelbetrag der daraus resultierenden
Steuerlast für jeden Einwohner von keiner Erheblichkeit sei.

Die als Vergleich angeführten Physikatsbesoldungen könnten
am wenigsten als Richtschnur für Buchholz gelten, da seine Praxis ja auf die Insel beschränkt sei. Es müsse den Einwohnern
freigestellt sein, ob sie sich eines schlechten Dorfbarbiers
bedienten oder ob sie einen in Berlin ordentlich erprobten
Stabsarzt engagierten.

Ein Physikatsgehalt von 100 Reichsthalern hätte Buchholz nicht
bewogen, seinen bisherigen Wohnort zu verlassen. Die Einwohner
hätten ihm lieber 200 als einem Aderlasser oder Schröpfer 50
Reichsthaler geben wollen. Untertanen könne eine solche Anstellung nicht verwehrt werden.

5. Das Sylter Medizinalwesen 1786 - 1890

5.1. Landschaftsärzte als kommunale Beamte

Die Resolution von 1792 wurde beinahe über ein Jahrhundert die
rechtliche Grundlage für die Beschäftigung der Landschaftsärzte. Sie war eng verknüpft mit der althergebrachten Selbstverwaltung und hatte Bestand bis kurz vor deren Abschaffung
durch die preußische Regierung im Jahre 1897.
Insgesamt sieben Landschaftsärzte waren als kommunale Beamte
von 1786 bis 1890 für die medizinische Versorgung der Insel
tätig:

Christian Friedrich Buchholz	1786 - 1824
Dr.med. et chir. Georg Nikolaus Wülfke	1824 - 1838
Dr.med. et chir. Harald Ackermann	1839 - 1855
Candidat med. et chir. Simon Levin	1855 - 1860
Candidat med. et chir. Carl Hinrich Vilhelm Carstens	
	1860 - 1863
Dr.med. et chir. August Friedrich Dittmann	1863 - 1884
Dr.med. et chir. Paul Hinrich Justus Nicolas	1885 - 1890

Die Epoche der Sylter Landschaftsärzte vermittelt ein Spiegel-
bild der kommunal- und landespolitischen Geschehnisse in diesem Zeitraum, wie sie sich auf Sylt auswirkten.
Es lassen sich drei Phasen unterscheiden, diese sind vorwiegend
bedingt durch äußere politische Bedingungen. Die erste Phase
von 1786 bis 1855 ist dadurch charakterisiert, daß die Einwohner und ihre politischen Vertreter die Möglichkeiten nutzten,
den Arbeitsbedingungen der Landschaftsärzte eine auf die Bedürfnisse der Inselbevölkerung zugeschnittene Prägung zu ver-
leihen.
Es deuteten sich aber auch schon die deutsch-dänischen Gegen-
sätze an, die sich zur Mitte des 19.Jahrhunderts zuspitzten
und die zweite Phase, den Zeitraum von 1855 bis 1864, beherrsch-
ten. Diese endete mit dem Machtwechsel 1864.
Die dritte Phase, 1864 bis 1890, kann schließlich als ein Über-
dauern der Institution Landschaftsarzt gesehen werden. Unter

der preußischen Regierung wirkte sich zunehmend der Beginn der
Umwandlung der durch Seefahrt und Landwirtschaft geprägten
Inselwelt zu einer Fremdenverkehrsinsel aus. Dieser Strukturwandel bedingte letztendlich das Ende der Epoche der Landschaftsärzte.
Der Beschreibung der drei Entwicklungsphasen sollen kurze
Lebensbilder der als Landschaftsärzte tätigen Persönlichkeiten,
soweit diese aus den Quellen greifbar sind, vorangestellt werden.[1]

5.2. Die Landschaftsärzte der Insel Sylt - Eine biographi-
sche Übersicht

Christian Friedrich Buchholz

Im Alter von 38 Jahren kam der am 19.10.1748 in Garding/Eider-
stedt geborene Buchholz auf die Insel Sylt.[2]
In Berlin war er am Collegio medicochirurgicum ausgebildet worden und hatte anschließend in der preußischen Armee als Stabs-
chirurgicus gedient. 1781 hatte er sich in Friedrichstadt nie-
dergelassen. Nachdem ihm nach Erteilung einer "Allerhöchsten
Königlichen Koncession" die "praxis chirurgica" in den Herzogtümern freigegeben worden war, erwarb er die Bürgerrechte der
Stadt.
Über seine mehrjährige Tätigkeit in Friedrichstadt stellte ihm
der dortige Stadtpräsident folgendes Zeugnis aus:

> "Während seines hiesigen Aufenthalts hat er nicht nur sich
> sehr anständig und ganz tadel- und vorwurfsfrey aufge-
> führt, sondern auch viele glückliche chirurgische opera-
> tiones verrichtet, auch nebenher innerliche Curen in der
> Stille gethan, so wie öfter accouchements mit succurs
> verrichtet; wodurch er dann bald sich hier und in der
> umliegenden Gegend in Ruf brachte und das Zutrauen des
> publicums erwarb, so daß es allgemein bedauert ward, als
> es bekannt wurde, daß er hier gehen wolle, da es hier und

---

1 Leider liegen nur vereinzelt Angaben über den ärztlichen
  Alltag vor. Eindrücke davon sowie auch über den Arzthaushalt
  und die Einkommenssituation aus der Zeit von 1770 bis 1830
  vermitteln Flemming/Heischkel 1956, S.2665-2674.
2 Biographische Angaben nach Achelis 1966, S.373.

in der gantzen Gegend einem geschickten Wund Arzt und
accoucheur fehlete" (LAS-Abt. 65.2. Nr.1807, dat.
21.3.1788)

Auf Sylt übte er bis ins hohe Alter seinen Beruf aus, gleichzeitig hatte er das Dispensierrecht.
Sein Ruf litt vermutlich unter dem Nachwirken der Kritik an
seiner Anstellung in den Jahren 1788 bis 1792, die oben geschildert worden ist. Vor allem wurde seine "Unbilligkeit"
beklagt. Was indessen seine fachliche Qualifikation als Arzt
betraf, wurde diese während seiner fast vierzigjährigen Tätigkeit auf der Insel nicht angezweifelt. Dies kann jedoch nicht
für seine gleichzeitige Funktion als Apotheker festgestellt
werden, die sehr skeptisch beurteilt wurde.
In den letzten Jahren seiner Tätigkeit behinderten zunehmend
Altersgebrechen seine Berufsausübung. Da in dem mit ihm 1786
abgeschlossenen Vertrag eine Pensionsregelung nicht bedacht
worden war und es zu keiner gütlichen Einigung zwischen der
Landschaft und ihm kam, bestimmten diesbezügliche Auseinandersetzungen die letzten Jahre seiner Tätigkeit bis zu seinem
Tode im Alter von 76 Jahren am 25.9.1824.
Die neu gewonnenen Erfahrungen mit diesem ersten Landschafts-
arzt waren maßgebend für die vertraglichen Vereinbarungen der
Landschaft Sylt mit den nachfolgenden Ärzten, wie in diesem
Zusammenhang noch ausgeführt werden wird.

Dr.med. et chir. Georg Nikolaus Wülfke

Ohne Zeitverlust suchten die Landesgevollmächtigten einen Nachfolger für Buchholz. Als Eigenschaften wünschten sie,

> "daß er sowohl die Medicin als Practische Chirurgie stu-
> dirt hätte und dabey zugleich accoucheur sey; daß er sein
> Examen bestanden mithin sich zu diesem Amte qualificirte,
> und übrigens einen guten moralischen Character besitzt"
> (SyA-LA, dat. 29.9.1824).

Die Wahl fiel auf den jungen Arzt Dr. Wülfke.[1] Er war am 30.1.
1800 als Sohn eines Arztes in Husum geboren. Nach dem Studium
und der Promotion an der Landesuniversität zu Kiel hatte er im

---

1 Biographische Angaben nach Lübker/Schröder 1830, S.712 und
  nach Alberti 1867, S.595.

Abb.3: Dr.med. et chir. Georg Nikolaus Wülfke
(aus SyA)

Wilhelminenbad in Wyk auf Föhr als Badearzt erste Berufserfah-
rungen gesammelt.
Nach anfänglichen finanziellen Schwierigkeiten etablierte sich
Dr. Wülfke bald als anerkannter Arzt und als kommunal- und
landespolitisch engagierter Bürger in der Inselgesellschaft.
Die Überlieferungen über seine ärztliche Tätigkeit sind weni-
ger reichhaltig als die über sein politisches Wirken.
Nachdem er am 25.4.1838 vor dem Sanitätskollegium in Kiel sein
Physikatsexamen mit Auszeichnung abgelegt hatte,[1] wurde er
schon im Oktober des gleichen Jahres zum Physikus in seiner
Heimatstadt ernannt.
Zusammen mit Kapitän Jens Booysen (vgl. Wedemeyer 1976, S.5-13)
gehörte Dr. Wülfke zu den herausragenden Köpfen bei den Ini-
tiativen zur Neugestaltung der kommunalen Verfassung (vgl.
Hoffmann 1932, S.259-264). 1831 veröffentlichte er eine Be-
standsaufnahme und einen Entwurf für eine neue Sylter Landschaftsverfassung (Wülfke 1831a). Er war ein enger Freund und
ärztlicher Berater des Sylter Uwe Jens Lornsen, des späteren
"Freiheitshelden"[2]. Nach Lornsens Verhaftung erschien sein Aufsatz "Zur Würdigung des Strebens nach Verfassung in Schleswig-
Holstein" (Wülfke 1830).
Ebenfalls 1831 wandten sich 171 Bürger der Insel mit einer Petition an den dänischen König in Kopenhagen. Dr. Wülfke war Erst-
unterzeichner und zählte zu den Verfassern dieser Bittschrift,
in der Mißstände auf Sylt, aber auch die Verhaftung Lornsens
Gegenstände der Eingabe waren (vgl. Wülfke 1831b).
Lornsen charakterisierte Wülfke in seinen Briefen als "gebor-
ner Jurist" und "guten Demagogen" mit der "Gewandtheit an in-
dustriöser und intrigierender Tätigkeit, welche der Demagoge
braucht, um das Volck warm zu halten" (nach Scharff 1938, S.90).
Sein Zeitgenosse C.P. Hansen bestätigte diese Einschätzung:
"Wülfke öffnete dem Volk über Kommunalangelegenheiten die
Augen" (Hansen 1845, S.108).

---

1 Vgl. Protokoll der Prüfung, LAS- Abt.42 Nr.4.
2 Der Briefwechsel Lornsens mit seinem Vater und Freunden wurde
  veröffentlicht von: Hoffmann/Jessen 1930; Pauls 1925; Scharff
  1938. Dr. Wülfke wird in den Briefen häufig erwähnt, der
  Briefwechsel Lornsen - Wülfke war bislang nicht aufzufinden.

Nach seinem Weggang blieb er nicht nur in privater Verbindung
mit der Insel. Dem Sylter Chronisten C.P. Hansen (1803-1879),
den er als jungen Lehrer zu seinen heimatkundlichen Forschungen angeregt hatte, vermittelte er später von Husum aus Kontakte zu Theodor Storm.[1]
Im August 1848 wurde er von den Sylter Wählern einstimmig als
Abgeordneter in die konstituierende schleswig-holsteinische
Landesversammlung gewählt (vgl. Hansen, Tagebuch, SyA, S.6).
Nach dem Scheitern der schleswig-holsteinischen Bewegung wurde
er aus politischen Gründen als Husumer Physikus entlassen.[2]
Er starb am 31.3.1858 in Husum.

Dr.med. et chir. Harald Ackermann

Unter 20 Mitbewerbern - bei der Wahl Dr. Wülfkes zum Landschaftsarzt waren es gerade drei gewesen - wurde der am 21.11.
1810 in Kiel geborene Ackermann, sein Vater war dort Kaufmann
und Konsul, ausgewählt.[3] Über seinen beruflichen Werdegang
schreibt Dr. Ackermann in seiner Bewerbung:

"Ich wurde im Jahre 1834 in Kiel examiniert und erhielt den
ersten Charakter. Das Jahr 1835 verlebte ich zur Voll-
endung meiner practischen Ausbildung in Paris und machte
im Jahre 1836 einen Versuch, die academische Laufbahn ein-
zuschlagen, wozu die damaligen Verhältnisse in Kiel so
wie große Neigung mich bewogen. Frühere Verhältnisse während meiner Studienzeit bewogen die Landesregierung mich
nach einem glücklichen Anfange gänzlich in meinem Beginn-
nen zu stören. Im Anfang des Jahres 1837 glückte es mir
jedoch, von der Königl. Schleswig-Holsteinischen Regierung als Physikus im Amte Neumünster constituiert zu werden, welches Amt ich ein Jahr lang verwaltet habe. Nach
der anderweitigen Besetzung dieser Stelle blieb ich bis
jetzt als practischer Arzt in Neumünster.
Wenn ich auch dem verehrlichen Collegium keine langjährige practische Erfahrung als Resultat meines bisherigen
Lebens vorlegen kann, so glaube ich doch durch die ein-

1 Vgl. Hansen 1891, S.166. Der Nachfolger von Dr. Wülfke, der
Landschaftsarzt Dr. Ackermann, half dem Chronisten beim Auf-
bau seiner Petrefaktensammlung, wie Wedemeyer (1982, S.69)
in seiner Biographie Hansens ausführt. Über Kontakte Wülfkes
zu Theodor Storm s. ebenfalls Wedemeyer 1982, S.32.

2 Vgl. Schwarzbuch über die dänische Missregierung, Heft III,
1864, S.2.

3 Biographische Angaben nach Alberti 1867, S.1 und Alberti
1885, S.1.

jährige Verwaltung eines Königl. Amtes, welches ich, wie
ich sicher behaupten zu können glaube, zur Zufriedenheit
der oberen Behörden ausgeführt habe, meine Fähigkeit zu
den Geschäften des öffentlichen Arztes dargethan zu haben"
(SyA-LA, dat. 18.11.1838).

Wie auch sein Vorgänger war er während seiner Sylter Zeit für
die schleswig-holsteinische Sache engagiert (vgl. Hansen, Tagebuch, SyA, S.24-26).

Von ihm liegt im Gegensatz zu seinem Vorgänger medizinisch
Relevantes vor. Seiner 1854 erschienenen wissenschaftlichen
Abhandlung "Das Wetter und die Krankheiten" verdanken wir einen Überblick über die Krankheiten der Inselbevölkerung um die
Mitte des vorigen Jahrhunderts. Diese Veröffentlichung fußte
auf langjährige Wetterbeobachtungen, und Ackermann setzte diese
in Beziehung zu aufgetretenen Krankheiten im Jahresverlauf
unter den Inselbewohnern.

Ihm kommt überregionale Bedeutung zu, was sich niederschlägt
in der Aufnahme im "Biographischen Lexikon der hervorragenden
Ärzte aller Zeiten und Völker" von A. Hirsch.

Der erste Teil seines Buches ist der Meteorologie gewidmet, im
zweiten Teil berichtet er ausführlich über seine Untersuchungen und Erfahrungen über den Einfluß des Klimas auf die Krankheiten der Inselbevölkerung. Als Landschaftsarzt fand er ideale
Voraussetzungen für eine solche Untersuchung vor. Er schreibt
über seinen Wirkungskreis, in dem beinahe 3000 Menschen lebten
und deren alleiniger Arzt er war:

> "Unter diesen werden weder Reichthum noch Armuth, weder
> Übermaß der Arbeit noch Unthätigkeit und einseitige An-
> strengungen, weder dichtgedrängte Wohnungen noch Wohn-
> stätten auf sumpfigen Boden gefunden. Syphilis, Skropheln
> und Krätze sind beinahe unbekannt, und in jeder Beziehung
> zeigt das physisch und geistig sehr entwickelte Völkchen
> einen trefflichen Gesundheitszustand" (Ackermann 1854,
> S.89).

Einführend berichtet Ackermann über seine "Untersuchungsgrund-
lage". Er beobachtete eine Erkrankungshäufigkeit im Frühjahr
im Kontrast zu einem vergleichsweise "sehr günstigen Gesundheitszustand" während der übrigen Jahreszeiten. Auf dem Fest-
lande dagegen, insbesondere in der Marsch, würden sich die Krankheiten im Sommer und Herbst häufen. Für Sylt schreibt er:

"Es kommen stets 2 - 3 Kranke gleichzeitig in Behandlung
und diese zeigen immer eine auffallende Übereinstimmung
der Symptome. Ein fast gänzlicher Mangel an anderen, gewöhnlichen Krankheitsursachen führte uns dahin, diese in
den Verhältnissen der Witterung zu suchen und genaue ver-
gleichende Beobachtungen über das Wetter anzustellen,
deren Resultate um so reiner sein mußten, als die Bevölkerung abgeschlossen ohne Zu- und Ab-Zug lebt und für uns
selbst um so leichter zu erlangen waren, als alle Erkran-
kungen zu unserer näheren Beobachtung gelangten" (Ackermann 1854, S.91).

Eine ausführliche Darstellung dieser Arbeit Ackermanns würde
eine eigene Untersuchung erfordern.

1855 wurde Dr. Ackermann zum Physikus in Oldesloe ernannt. Er
verstarb als angesehener Arzt am 5.9.1873.[1]

Candidat med. et chir. Simon Levin

Er kam 1855 in einer durch nationalpolitische Diskussionen
spannungsgeladenen Atmosphäre auf die Insel. National betont
und emotional zugleich sind dann auch Charakterisierungen über
diesen ersten Landschaftsarzt dänischer Nationalität, die vom
Chronisten Hansen in seinem Tagebuch überliefert sind (vgl.
Hansen, Tagebuch, SyA, S.104). Er selbst bezeichnet Levin als
"schlauen eiderdänischen Arzt" und "erzdänischen listigen Mann",
der "sehr bald einen großen Einfluß über den Vorstand des Col-
legiums, H.B. Boysen in Keitum, und durch den auf das ganze
Collegium zu gewinnen verstand".
Simon Levin wurde als Sohn eines Schlachters in Nakskov am
27.9.1814 geboren.[2] Nach seinem Studium an der Kopenhagener
Universität arbeitete er dort am Allgemeinen Krankenhaus in
der chirurgischen und medizinischen Abteilung. Von 1845-1847
unternahm er eine wissenschaftliche Reise durch Deutschland,
um sich mit den Wasserheilstätten bekannt zu machen, wie er in
seinem Bewerbungsschreiben ausführte. Nach einer kurz dauern-

---

1 Bockendahl (1874, S.16) vermerkt: "Im September verloren wir
Dr. Ackermann zu Oldesloe als geistreichen Arzt und einen
gewissenhaften Physikus."

2 Bewerbungsschreiben von Levin vom 1.8.1855 (SyA-LA), weitere
biographische Angaben nach Brix 1981, S.38.

den Anstellung leitete er von 1848 bis 1849 die Wasserheil-
stätte in Maglekilde. Darauf war er als Privatarzt in Lögum-
kloster und in Korsör tätig, von wo er "von dem Medicinal-
inspector /Dr.med. Schleisner7 des Herzogthums Schleswig aufgefordert wurde, die hiesige Constitution anzunehmen, da er
es wünschte, ich möge mich dem Dienste dieses Herzogthumes
widmen" (SyA, dat. 1.8.1855).
Er hatte sicherlich einen schweren Stand auf der Insel in jener Zeit, nicht nur aufgrund nationaler Animositäten, sondern
ihm wurden außerdem noch fachliche Mängel vorgeworfen. Diese
müssen allerdings wegen der national und emotional betonten
Stimmung zurückhaltend betrachtet werden.[1] Sylt verließ er im
Jahre 1860 wieder. Anschließend arbeitete er als Distriktsarzt
in Farsö bis kurz vor seinem Tode am 19.7.1898.
Simon Levin war der erste Badearzt des Westerländer Bades.

Candidat med. et chir. Carl Hinrich Vilhelm Carstens

Der Nachfolger Levins, wie dieser ein Däne, hatte ebenfalls in
Kopenhagen studiert.[2]
Am 31.5.1833 in Frederiks bei Viborg als Pastorensohn geboren,
war er nach seinem Studium an verschiedenen Orten Dänemarks an
Krankenanstalten und später als Landarzt tätig gewesen, ehe er
"auf Anforderung des Medicinalinspectors" (Dr.med. Schleisner)
nach Sylt wechselte, mit der Hoffnung, dort eine feste Stellung
anzutreten.
Schon nach drei Jahren kündigte er sein Amt, da er mit ähnli-
chen Schwierigkeiten wie sein Vorgänger zu kämpfen hatte. Nach
seiner Sylter Zeit arbeitete er als praktischer Arzt in verschiedenen Orten Dänemarks.
Er starb am 8.5.1886.

---

1 Vgl. Brix 1981, S.13-18 u. S.84-89.
2 Bewerbungsschreiben von Carstens vom April 1861 (SyA-LA),
  weitere biographische Angaben nach Brix 1982, S.59.

Dr.med. et chir. August Friedrich Dittmann

Als 46jähriger kam Dr. Dittmann mit seiner Familie auf die Insel. Geboren am 8.7.1817 in Sonderbyehof in Schwansen, wo sein
Vater Pächter eines Hofes war, studierte er von 1843 bis 1847
in Kiel und München.[1]
Nach seiner Promotion an der Landesuniversität hat er 20 Jahre
in Angeln und Schwansen als praktischer Arzt gewirkt, bis er
ebenfalls wie seine beiden Vorgänger auf Anforderung des Medizinalinspektors Dr. Schleisner auf die nordfriesische Insel um-
siedelte.
Er hatte sich nationalpolitisch nicht exponiert und behielt
seine Stellung auch nach dem in den Jahren 1864-1867 vollzoge-
nen Machtwechsel.   .
Vor seiner Sylter Zeit hatte er verschiedene naturwissenschaft-
liche und standespolitische Schriften veröffentlicht. Auf der
Insel schlief diese Tätigkeit ein. Es ist zu vermuten, daß ent-
täuschte Hoffnungen auf eine berufliche Verbesserung, Existenz-
sorgen und Arbeitsbelastungen dazu beigetragen haben.
Mehrfach beantragte er Verbesserungen seiner dienstlichen Stellung und seines Einkommens (vgl. SyA-LA, Schreiben v. 5.10.
1867 u. 18.4.1873). Interessant sind in diesem Zusammenhang
seine Ausführungen aus dem Jahre 1867 über die Verteuerung
der Lebenshaltungskosten auf Sylt als Folge des Fremdenverkehrs. Wohnungen, so klagte Dr. Dittmann, seien, wenn überhaupt
zu bekommen, um das 4-5fache teurer als auf dem Festland. Und
für Milch, Butter, Korn, Speck und Fleisch, Feuerung und andere Lebensbedürfnisse müsse er schon mehr ausgeben als er ein-
nehme.
In den folgenden Jahren sollte sich seine Lage allerdings bessern, und er etablierte sich auf der Insel.
Am 15.1.1884 schied Dr. Dittmann freiwillig aus dem Leben.[2]

---

1 Biographische Angaben nach Alberti 1867, S.163 und Alberti
  1885, S.132.
2 Er erhängte sich in seiner Wagenremise in Keitum. Bei der an-
  schließenden amtlichen Untersuchung des Selbstmordes berichtete sein Schwiegersohn, der Landschaftsapotheker Schwennen,
  über die Furcht Dittmanns, an Gehirnerweichung zu leiden und
  deshalb ins Irrenhaus zu kommen, außerdem sei er von Schwer-
  mut geplagt gewesen (vgl. SyA-LA).

Dr.med. Paul Hinrich Justus Nicolas

Erst nach langem Suchen fand die Landschaft einen Nachfolger.
Dr. Nicolas, der neue Landschaftsarzt, stammte erstmals nicht
aus dem schleswig-holsteinisch-dänischen Raum.[1]
Als Sohn eines Gymnasiallehrers am 28.2.1857 in Treptow an der
Rega geboren, hatte er in Greifswald und zuletzt in Halle stu-
diert. Dort hatte er nach seinem Staatsexamen und seiner Promotion 1882 einige Monate als Vertreter eines Landarztes ge-
arbeitet, ehe er in Stettin und Frankfurt/Main als Assistenz-
arzt tätig wurde. An seine alte Arbeitsstätte, das Städtische
Krankenhaus in Frankfurt, kehrte er später oft zu mehrwöchigen
Fortbildungaufenthalten zurück, um sich mit den moderneren
Methoden der Medizin vertraut zu machen.
Er war der letzte Landschaftsarzt der Insel und in dieser Funktion bis 1890 tätig. Von Anfang an arbeitete er als Badearzt
und wurde später Direktionsbadearzt.
Er beschäftigte sich intensiv mit den heilklimatischen Fakto-
ren der Nordsee und warb besonders auch in Ärztekreisen für das
Seebad Westerland, wovon zahlreiche Veröffentlichungen in Fach-
zeitschriften zeugen.[2]
Bis zu seinem Tode, der ihn direkt aus der Arbeit riß, war er
als anerkannter Arzt auf Sylt tätig gewesen.[3] Ein ihm zum 25-
jährigen Jubiläum seines Dienstantritts als Landschaftsarzt
gewidmetes Gedicht ist im Anhang (S. 98) wiedergegeben.

---

1 Biographische Angaben nach handschriftlichem Nachruf von
  Carl Meyer (vgl. SyA-LA, dat. 3.11.1919).

2 Eine Auswahl von Veröffentlichungen Sylter Landschaftsärzte
  findet sich im Anhang, S.99-100.

3 Zu Ehren von Dr. Nicolas ist eine Straße in Westerland nach
  ihm benannt.

Abb.4: Dr.med. Paul Hinrich Justus Nicolas
(aus SyA)

5.3. Das Sylter Landschaftsarztwesen in seiner Frühphase 1786 - 1855

Die Aufgaben des Landschaftsarztes waren in einem Vertrag zwischen Buchholz und der Landschaft Sylt 1786 erstmals beschrieben (vgl. SyA-LA).

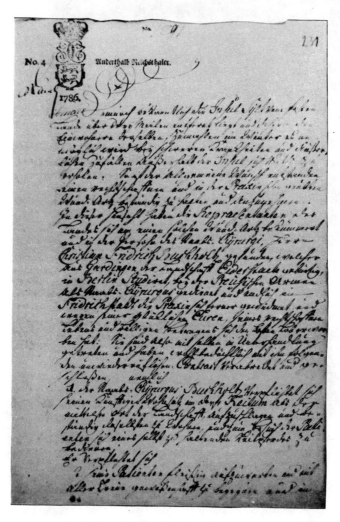

Abb. 5a

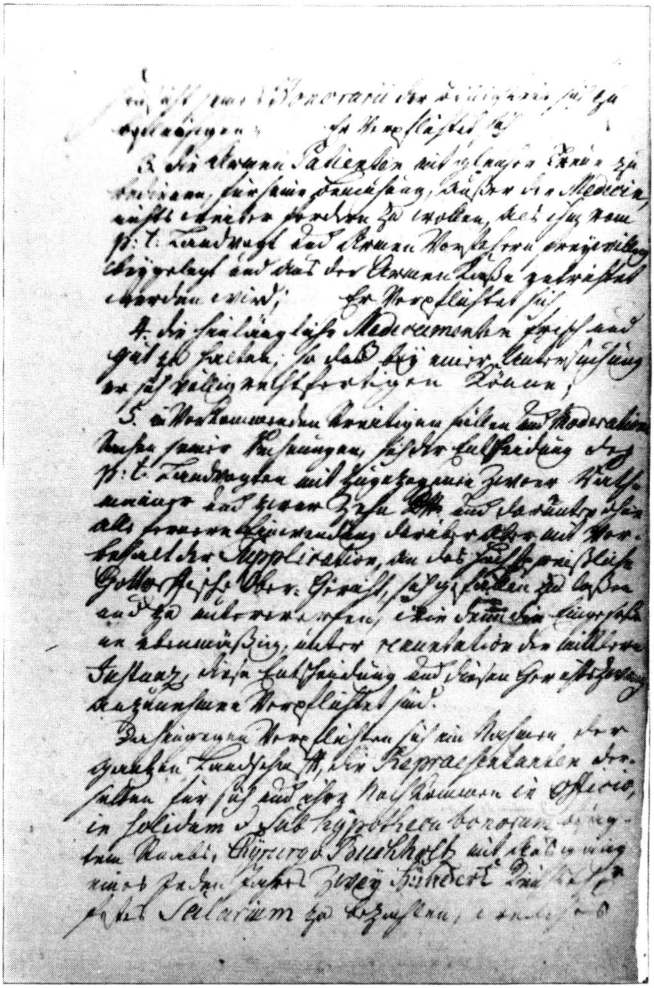

Abb. 5b

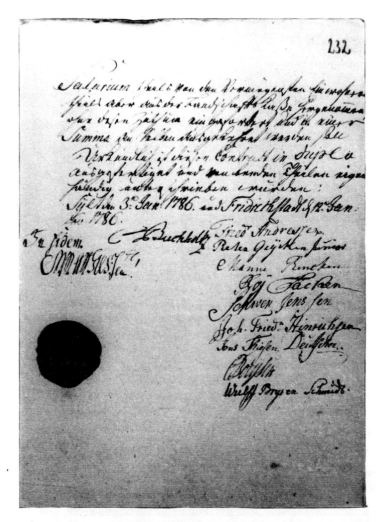

Abb. 5c

<u>Abb.5a-c:</u> Vertrag zwischen dem Chirurgen Buchholz und der
Landschaft Sylt vom 3.1.1786 im Original
(LAS – Abt. 65.2. Nr.1807)

Der Inhalt des Vertrages lautet wie folgt:

"Demnach bekanntlich die Insul Sylt vom festen Lande über
Drey Meilen entfernt liegt und dahere den Einwohnern derselben Zumahlen im Winter es unmüglich wird in schweren
Krankheiten und Äußerlichen Zufällen Außerhalb der Insul
sich Raths zu erholen: Darum der allgemeine Wunsch ent-
standen einen rechtschaffenen und in der Praxin schon ge-
übten Wundarzten beständig zu halten und anzunehmen. In
dieser Hinsicht haben die Repraesentanten des Landes sich
um einen solchen Wundartz bekümmert und in der Persohn des
Staabs-Chyrurgi Herrn Christian Friedrich Buchholtz gefunden, welcher aus Gardingen in der Landschaft Eiderstede
gebürtig, in Berlin studirt, bey der Preußischen Armee
als Staabs-Chyrurgus gedienet und endlich in Friedrichstadt der Praxin sich ferner gewidmet und wegen seiner
glücklichen Curen, seines rechtschaffenen Lebens und bil-
ligen Betragens sich den besten Lob erworben hat. Wir
sind also mit selben in Unterhandlung getreten und haben
wohlbedächtlich mit ihm folgenden unwiderruflichen Contract verabredet und geschlossen, nemlich

1. Der Staabs Chyrurgus Buchholtz verpflichtet sich seinen
   künfftigen Wohnsitz im Dorfe Keitum als der mittelste
   ort der Landschaft, aufzuschlagen und beständig da-
   selbsten zu wohnen, und zum Besuch der Patienten sich
   eines selbst zu haltenden Reitpferdes zu bedienen. Er
   verpflichtet sich

2. seine Patienten fleißig aufzuwarten und mit aller Treue
   gewißenhafft zu begegnen und in Hinsicht seines Hono-
   rarii der Billigkeit sich zu befleißigen. Er verpflichtet sich

3. die Armen Patienten mit gleicher Treue zu bedienen, für
   seine Bemühung außer der Medicin nichts weiter fordern
   zu wollen, als ihm vom p.t. Landvogt und Armenvorste-
   hern freywillig beygelegt und aus der Armen Kaße ent-
   richtet werden wird. Er verpflichtet sich

4. die hinlänglichen Medicamenten frisch und gut zu halten,
   so daß bey einer Untersuchung er sich völlig rechtfer-
   tigen könne;

5. in vorkommenden streitigen Fällen und Moderations
   Sachen seiner Rechnungen, sich der Entscheidung des
   p.t. Landvogten mit Zuziehung zwoer Rathmänner, und
   zwar Zehn Reichsthl. und darunter ohne alle fernere
   Einwendung, darüber aber mit Vorbehalt der Supplication
   an das Höchstpreisliche Gottorfische Ober-Gericht, sich
   gefallen zu lassen und zu unterwerfen, wie denn die
   Eingesessene ebenmäßig unter renuntiation der mittleren
   Instanz diese Entscheidung und diesen Gerichts-Zwang
   anzunehmen verpflichtet sind.

Dahingegen verpflichten sich im Nahmen der ganzen Landschaft die Repraesentanten derselben für sich und ihre
Nachkommen in officio, in solidum und sub hypotheka bono-
rum, besagtem Staabs-Chyrurgo Buchholtz mit Ausgang eines
jeden Jahres z w e y h u n d e r t Reichsthaler festes

Salarium zu bezahlen. Welches Salarium theils von den ver-
mögenden Einwohnern, theils aber aus der Landschafts Kaße
hergenommen, ohne deßen Zuthun eingefordert und in einer
Summe an Selben ausgekehret werden soll.
Urkundlich ist dieser Contract in duplo ausgefertiget und
von beeden Theilen eigenhändig unterschrieben worden:

Sylt den 3.Jan.1786 und Friedrichstadt den 12.Jan.ao 1786

Buchholtz	Friedrich Andresen
	Peter Geicken Junior
In fidem	Manne Rincken
	Boje Tacken
M. Matthießen	Schwenn Jensen
	Johann Friedr. Hinrichs
	Jens Thiessen Deutscher
(L.S.)	Cornelius Boyssen
	Wulff Boyssen Schmit

Daß diese Abschrifft mit dem Original gleichlautend sey,
ein solches attestire   Sylter-Landvogtei, den 14.Dec.1786
M.Matthießen."

Es erwies sich, daß diese unter umstrittenen Voraussetzungen
entstandenen Vereinbarungen, wie oben ausgeführt, den Bedürf-
nissen der Inselbevölkerung nicht gerecht wurden.
Dieser erste Vertrag unterscheidet sich von den nachfolgenden
durch rechtlich nicht eindeutige Formulierungen, die verschiedene Auslegungen zuließen. Für Buchholz war eigentlich nur ein-
deutig geregelt, daß er in Keitum seinen Wohnsitz nehmen mußte
und ihm das Dispensierrecht zugestanden war. Die für die Einwohner wichtige Frage der Kosten für die ärztliche Versorgung
war nicht exakt festgelegt. Der im Vertragstext benutzte zen-
trale Begriff der "Billigkeit"[1] beließ einen zu großen Spiel-

---

1 Über den Rechtsbegriff der "Billigkeit" wird im "Staatslexi-
kon" von Rotteck/Welcher (1834, S.189f.) ausgeführt:
Billigkeit ist "die Gesinnung, Alle, sich selbst mit einbe-
griffen, nach gleichen Grundsätzen zu behandeln. Ihr eigen-
thümlicher Wahlspruch ist: was du willst, das dir die Leute
thun sollen, das thue du ihnen, (und zwar unter gleichen Bedingungen, dem Einen, wie dem Anderen)! Nach der, so häufi-
gen, Vertauschung des Grundes mit dem Gegründeten, wird dann
auch das äußere, aus jener Gesinnung entspringende Betragen
BILLIGKEIT, das ihr widersprechende UNBILLIGKEIT genannt.
(...) Aus dem gegebenen Begriff ist klar, daß Billigkeit zur
sittlich guten Gesinnung gehört. Denn sie hat das untrügliche
und unterscheidende Kenzeichen der sittlichen Güte, daß die
Regel, deren Befolgung ihr Vorsatz ist, zu einem allgemeinen

raum, den Buchholz nach Ansicht der Einwohner für sich aus-
nutzte.

Letztendlich erfüllte Buchholz nicht die in ihn gesetzten moralischen Erwartungen, wogegen sein medizinisches Können nicht
angezweifelt wurde. Während des Krieges zwischen Dänemark und
England 1809-1815 spitzte sich die Situation zu. Die Kriegs-
belastungen führten 1813 im Königreich Dänemark zu einem Staats-
bankrott (vgl. Brandt/Klüver 1976, S.222f.). Da auf der Insel
die Seefahrt weitgehend zum Erliegen kam, waren auch die finanziellen Belastungen vieler Einwohner erheblich. Vor diesem Hintergrund führten die Landesgevollmächtigten 1809 nach Beratun-
gen mit einem Rechtsgelehrten (vgl. SyA-LA, dat. 16.5.1809)
besonders über die Höhe der Honorarforderung von Buchholz und
die Führung seiner Apotheke beim Sanitätskollegium Beschwerde,
die folgendermaßen formuliert war:

> "(...) Schon bei seiner ersten Ankunft alhier auf dem Lan-
> des verbreitete sich das gerücht der unbilligkeit seiner
> forderungen für die bedienung seiner Patienten, welches
> man aber sogleich keinen glauben beygemessen wollen, weil
> Mannig mal solche geschwätze unverbürgtes gerüchte umher
> wandeln, Allein es hat sich von zeit zu zeit, leider des-
> sen alzu wahr bestätiget und geht so gar so weit daß die
> mehresten hiesigen Einwohner Ihm wegen seiner Kostbarkeit
> nicht ohne im Euersten Nothfall suchen dürfen, und als-
> dann mannigmal zu spät, so daß der Patient darüber ins
> grab gehet, indem die mehresten insonderheit in diesen
> Krieges und Nahrlosen zeiten Ihnen nur eben ohne Schulden
> zu machen durchschlagen können, daß ist wahrlich höchst
> traurig für die hiesigen Eingesessenen, daß die mehresten
> Ihre Gesundheit so zu sagen auf Spiel setzen müssen bloß
> aus Furcht für die unbilligen forderungen des Landes
> Artz, (...)" (SyA-LA, dat. 5.6.1809).

Aus dem Brief geht des weiteren hervor, daß nur ein Viertel der
Eingesessenen ihn noch aufsuchen würde, obwohl alle ihn bezahl-
ten. In dem von Keitum am weitesten entfernt liegenden und ver-
armten Dorf Rantum mit nur noch 14 - 16 Häusern hätte es sogar
jahrelang niemand mehr gewagt, den Landesarzt wegen seiner "Unbilligkeit" zu rufen.

Ebenso traurig für die Einwohner sei es auch, daß nur ein Teil
der Eltern in der Lage sei, bei den hohen Forderungen von Buch-

---

Gesetze sich eignet. Nur muß man nicht, wie Einige gethan haben, den Wahlspruch der Billigkeit zum allgemeinen höchsten
Sittengesetze erheben wollen."

holz ihre Kinder gegen die Pocken impfen zu lassen.[1] Nun habe
er schon, so fahren die Gevollmächtigten fort, die Landschaft
in den vergangenen 23 Jahren 4600 Reichsthaler gekostet. Ursprünglich habe man gedacht, daß von seinem jährlichen Fixum
50 Reichsthaler für die Führung der Apotheke, 50 für die Behandlung der Armenkranken und 50 für die Haltung eines Reitpferdes bestimmt gewesen seien, ohne daß dies alles allerdings
vertraglich abgesichert gewesen sei. Auch sei man davon aus-
gegangen, daß mit der Bestimmung für Buchholz, sich selbst ein
Reitpferd zu halten, um seine Patienten zu besuchen, die Be-
rechnung von Meilengeldern wegfallen würde. Aber das Gegenteil
sei der Fall. Die Gevollmächtigten schließen den Brief:

"Wir müssen nunmehr mit wahrheit bezeugen, daß gedachter
Buchholz sich nicht der Billigkeit beflissen, sondern
leider sogar das gegentheil nehmlich die unbilligkeit,
so woll in betracht seiner verfertigten Medicamente als
für seine Visiten, (...)" (SyA-LA, dat. 5.6.1809).

Zu seinen Apothekengeschäften wurde genauer ausgeführt:

"(...) allein auch hierbey ist er sein Versprechen nicht
nach gekommen, den alle seine Medicamenten sind nicht
gut und Wirksahm obgleich er sie überaus theuer bezahlen
läßt, ob er aber als Staats Chyrurgicus die Appotecker
Kunst versteht oder nicht, dessen beurtheilung müssen wir
das hohe Sanitäts Collegie und den Commitirten zu beur-
theilen überlassen" (SyA-LA, dat. 5.6.1809).

Die Landesgevollmächtigten beantragten beim Sanitätskollegium
eine jährliche Kontrolle der Arzneien durch den Physikus in
Tondern, wie es bei Apotheken auf dem Festland schon lange üb-
lich sei. Außerdem solle es Buchholz zur Pflicht gemacht werden, eine spezifizierte Apothekenrechnung nach der gültigen
Taxe aufzustellen.
Nachdem man fast ein Jahr später immer noch keine Antwort erhalten hatte, wurde die Beschwerde wiederholt (vgl. SyA-LA,
dat. 22.3.1810). Das Sanitätskollegium entsprach dann der Bitte
nach einer Apothekenvisitation durch den Physikus (vgl. SyA-LA,

---

1 Schon 1802, damit recht früh, wurden auf Sylt und der Nachbarinsel Föhr Pockenimpfungen durchgeführt (vgl. Hanssen 1918,
  S.8 u. Andresen 1924).- Mit der Vaccinationsordnung von 1811
  wurde die Pockenschutzimpfung gesetzlich eingeführt. Sie bestimmte u.a., daß die Pastoren keine Kinder zur Konfirmation
  zulassen durften, die nicht geimpft waren.

dat. 14.5.1810). Bei Feststellung von Mängeln sollten die
Kosten für die Visitation von Buchholz, im anderen Fall von
der Landschaft getragen werden. Über den Ausgang der Visiten
ist nichts bekannt, auch äußerte sich das Sanitätskollegium
anscheinend nicht zu den übrigen Gegenständen der Beschwerden.
Die Inselbevölkerung mußte sich dann mit ihrem Arzt abfinden.[1]
Neue Schwierigkeiten erwuchsen mit dem zunehmenden Alter
von Buchholz. Im Vertragstext von 1786 war weder eine Pensio-
nierung noch eine mögliche Kündigung bedacht worden. Man hatte
sich vielmehr darauf verlassen, daß "wenn ein Mann seinen
Posten nicht länger vorstehen könne oder wenn moralische oder
physische Schwachheiten ihn dessen unfähig machten, er auch
nicht länger die ihm dafür zugesicherte Evolumente fordern könne", so stellten die Landesgevollmächtigten 1821 fest (SyA-LA,
dat. 27.10.1821).
Der Stabschirurgikus Buchholz war zu diesem Zeitpunkt 73 Jahre
alt, und zudem war er kurz vorher auf der Fahrt zu Patienten
mit Pferd und Wagen verunglückt. Nach dem Urteil des zugezoge-
nen Tonderner Physikus würde der Landschaftsarzt niemals wieder
imstande sein, schwierige Operationen zu verrichten.[2]
Das Königliche Obergericht und das Sanitätskollegium wurden
eingeschaltet. Aber trotz vielfältiger Bemühungen und Kompro-
mißvorschläge kam es zu keiner gütlichen Übereinkunft zwischen
Buchholz und der Landschaft.[3] Für die ihm von den Gevollmächtigten angebotenen finanziellen Bedingungen war Buchholz nicht
zu bewegen aufzuhören oder sich einen Gehilfen zu nehmen.
In einem eindrucksvollen Brief an den Landvogt schreibt "der
alte im Dienst grau gewordene Buchholz"[4]:

---

1 Schmidt-Eppendorf (1977, S.230f.) beschreibt den Vorfall aus
  dem Jahre 1809, der ebenfalls als Ausdruck der schlechten
  Stimmung gegenüber dem Landesarzt zu werten ist. Bei der Ein-
  quartierung von 103 aus englischer Kriegsgefangenschaft ent-
  lassenen Soldaten wurden einem unbeliebten Pastor und dem Arzt
  jeweils zwei Mann einquartiert, was nicht dem sonstigen Brauch
  entsprach und ein Eingreifen des Landvogts hervorrief.

2 Vgl. SyA-LA, dat. 3.7.1821. Nach Flemming/Heischkel (1956,
  S.2667) war der Sturz vom Pferd bei Ärzten zu dieser Zeit der
  häufigste Berufsunfall.

3 Angaben nach LAS- Abt. 13 B(48) Nr.175a und dem umfangreichen
  Schriftwechsel, SyA-LA (1821-1824).

4 Charakterisierung aus einem Bericht des Schleswigschen Ober-
  gerichts vom 15.9.1823 (LAS- Abt. 13 B(48) Nr.175a).

"Daß es mich alten Mann, der nun 38 Jahre hindurch mit Gottes Hülfe seinen Mitbürgern alle seine Kräfte geopfert
hat und sich vor seinem Gewissen bewußt ist, mit Treue in
seinem Berufe gearbeitet zu haben; der selbst mit Hinten-
ansetzung aller Ansprüche auf eine Lebensweise, wie sie
nach allgemeiner Landsitte seinem Stande gebühren konnte,
eine mit seinen ihn umgebenden Dorfsbewohnern gleiche Öko-
nomie in seiner ganzen Art zu leben sich hat gefallen lassen, um an einer spärlichen Einnahme genug zu haben, - daß
es mich tief kräncken muß, wenn man nun alles dieses unge-
achtet und dafür mir jetzt in meinen alten Tagen, eben weil
ich bejahrt bin, folglich möglicherweise leicht und wahr-
scheinlicherweise leichter krank werden könne als ein jun-
ger rüstiger Mann, mit Kürzung, allenfalls wohl gar mit
Halbierung des Contractsmäßig von mir zu beziehenden
Fixum zu lohnen, nicht den mindesten Anstand nimmt: das
wird Ew. Wohlgebornen wie jedem Unbefangenen von selbst
einleuchten. Aus dem Grunde und um diese mir so fatale An-
gelegenheit so schnell als möglich aus meinen Gedanken zu
bannen, so wie um alles weiteren deliberierens darüber
überhoben zu sein: habe ich ihnen hiemittelst meinen un-
abänderlichen Entschluß schriftlich darlegen wollen mit
der ergebensten Bitte, denselben den Herren Landesgevollmächtigten gefälligst zu communiciren" (SyA-LA, dat. 6.3.
1823).

Die Auseinandersetzung zog sich ohne eine Lösung über drei Jahre
bis zum Tode von Buchholz 1824 hin.

Von da an übernahmen Ärzte, die an Universitäten ausgebildet
waren, die medizinische Versorgung. Als der Nachfolger von
Buchholz wurde Dr. Wülfke gewählt.

In dem gänzlich neuen mit Dr. Wülfke abgeschlossenen Kontrakt
wurden nach den ausgiebigen Erfahrungen mit Buchholz die offen-
kundigen Mängel der ersten vertraglichen Vereinbarungen beho-
ben. Es entstand damit die Grundform der Verträge, die von nun
an zwischen der Landschaft und ihren Ärzten Gültigkeit behielten.

Nachfolgend wird der Text des zwischen den Gevollmächtigten der
Landschaft Sylt und Dr. Wülfke geschlossenen Vertrages wiedergegeben (SyA-LA):

"Zwischen uns Unterschriebenen p.t. Gevollmächtigten der
Landschaft Sylt und dem Doctor medicinae et chirurgiae
Georg Wülfke aus Husum, ist am heutigen Tage nachstehen-
der Contract errichtet und vollzogen worden.

§ 1.

Der Hr. Doctor Wülfke übernimmt es als Landesarzt vom
1.May d.J. an, drey Jahre hieselbst zu bleiben; sollte
jedoch in diesen drey Jahren sich dem Hrn. Doctor eine

ihm vorteilhaftere Stelle anderwärts angeboten werden, so
hat er die Befugniß einen andern examinirten Arzt ohne
Zwischenzeit an seine Stelle zu setzen, nachdem er sich
mit der Landschaft über diesen zu Vocirenden beredet und
auf den Wunsch der Landschaft dabei Rücksicht genommen haben wird, ohne daß indessen die Landschaft auf einige Art
und Weise, oder wegen der etwa noch nicht verflossenen 3
Jahre an diesem gebunden sey als blos in betracht des
fixums, so lange dieser die Stelle bekleiden würde, welches diesem wenigstens auf drey Monate zugesichert wird.

§ 2.

Während der Zeit, da er als Landesarzt auf Sylt steht,
und wenn der Gesundheitszustand der Einwohner es nach seiner Beurtheilung gestattet nie länger als 14 Tagen jedes-
mal zu verreisen, auch von seinem Aufenthalte Kunde zu
geben, damit in Nothfällen an ihn einen Expressen auf
seine Kosten gesandt werden können, welcher nur mit Genehmigung der Landvogtey abgehen darf.

§ 3.

Diejenigen welche von den resp. Armenkassen Unterstützung
bekommen, unentgeltlich zu bedienen.

§ 4.

Die Arzneimittel, so weit solches von ihm abhängig seyn
wird, bey der hielselbst von Tondern aus anzulegenden
Filial-Apotheke zu verschreiben und dahin zu sehen, daß
solche fortwährend gut sind.

§ 5.

Sollte wider Verhoffen die Filial Apotheke wieder eingehen
müssen, so übernimmt er die Verpflichtung die ihm erfor-
derlichen Arzeneymittel selbst anzuschaffen, solche zu
dispensiren und jederzeit dergestalt zu unterhalten, daß
bey Untersuchung von beykommenden nichts daran auszuset-
zen sey, und zwar mit der nämlichen Vergünstigung beim
debet der Medicamente die der Filial Apotheke zugestanden
ist, nämlich 50% über die Apotheker Taxe; jedoch sein
recepten Buch gesetzmäßig zu halten.

§ 6.

Im Dorfe Keitum zu wohnen.

§ 7.

Sich selbst zu befördern ohne den Patienten dafür etwas zu
berechnen.

§ 8.

Nach Verlauf der im 1.§ bestimmten 3 Jahren steht dem Hrn.
Doctor Wülfke eine halbjährige Loskündigung dieses Con-
tractes frey und, wenn Umstände es ihm notwendig machen
sollten, mit der im 1.§ enthaltenen Begünstigung.

§ 9.

Gegen diese von dem Hrn Doctor Georg Wülfke übernommenen
Verpflichtungen sichert die Landschaft demselben ein jährliches Gehalt von 320 Rbthl. S.Münze, welches derselbe
jährlich nach dem 11.Nov. oder wenn die Landes-Kosten
gehoben worden sind, aus der Landes Anlage Rechnung in
der Königl. Landvogtey erheben darf. Die Landschaft behält
sich jedoch

§ 10.

eine halbjährige Kündigung dieses Contracts nach drey Jahren vor. Sollten körperliche Gebrechen oder Geistesschwä-
che die Kündigung veranlassen, so wird der Hr. Doctor,
nachdem er zehn Jahre diesem Posten als Landesarzt vorge-
standen, die Hälfte des ihm zugesicherten jährlichen Gehalts, nämlich 160 Rbt.S.M. dennoch für die Zukunft behalten und ihm seine sonstigen Verpflichtungen erlassen.

Bey einer Kündigung, die nicht durch Cörperliche Gebrechen
oder Geistes Schwäche veranlaßt würde, wird demselben dennoch 80 Rbt.S.M. jährlich, so lange er hier auf Sylt bleibt,
zugesichert, damit die Landschaft nicht ohne Ursache kün-
dige.

Zur Urkunde und Festhaltung von den Contrahenten unter
Vorbehalt allerhöchster Approbation eigenhändig unterschrieben.

So geschehen in der Landschafts Versammlung zu
Keitum den 31.März 1825

Georg Wülfke med.et chir.Dr.

Theyde P.Geycken
Claus Boysen
Claas Dircksen
J.Booysen
T.E. Munk
Jens Bleicken
in fidem subscripsit   Andreas Sörensen
M.Thomsen.   Meyndert Br.Decker"

Dieser Vertrag erhielt ohne Schwierigkeiten die in der Resolution von 1792 geforderte staatliche Anerkennung.

Von dem Gesamthaushalt der Landschaft im Jahre 1825 von 1000
Reichsthalern (vgl. Booysen 1828, S.46) oder entsprechend 1600
Reichsbankthalern machten die Ausgaben für den Landschaftsarzt
einen bemerkenswerten Anteil von 20 % aus. Dieses dem Landschaftsarzt zugestandene "Fixum" wurde von allen Einwohnern ge-
meinschaftlich durch ihre Steuern aufgebracht.

Die im Vertrag mit Dr. Wülfke aufgestellten detaillierten An-

forderungen an den kommunalen Landschaftsarzt behielten im
wesentlichen ihre Gültigkeit bis 1890.
Festgelegter Wohnsitz des Landschaftsarztes war der damalige
Zentralort der Insel, das Dorf Keitum.[1] Als besonders heraus-
zustellender Kernpunkt der Vereinbarungen galt von 1825 an die
Verpflichtung, bei eigener Beförderung keine Meilen- und Diätengelder zu berechnen. Mit dieser Bestimmung war sichergestellt, daß die außerhalb Keitums wohnenden Einwohner der Insel
in bezug auf die Höhe der Arztkosten keine Nachteile durch
ihren Wohnsitz erfuhren. Für die Ärzte entfiel damit allerdings ein wesentlicher Bestandteil ihrer Einnahmen, der Ausgleich für ihren Zeitaufwand und die Beförderungskosten.

Besonders in dieser Beziehung war das Verhalten von Buchholz als sehr ungerecht empfunden worden. Der rechtlich unge-
naue Begriff der "Billigkeit" hatte sich nicht bewährt.

Für die sozial schwächsten Mitglieder der Inselgesellschaft, diejenigen, die von den Armenkassen Unterstützung erhielten, war die unentgeltliche Behandlung im Krankheitsfall
festgesetzt.

Das Armenwesen[2] der Insel wurde von den drei Kirchspielen Morsum, Keitum und Westerland verwaltet. Alle drei Dörfer verfüg-
ten über ein Armenhaus. Die Prediger ernannten die Vorsteher
der zuständigen Armenkollegien. Die Kosten für die Armenfür-
sorge wurden in den Inseldörfern durch Sammlungen und Erlösen
aus Legaten Wohlhabender gedeckt. Die Zahl der "notorischen
Armen" beschränkte sich im Unterschied zu Verhältnissen auf dem
Festland auf eine geringere Anzahl. Vielfältige Verwandtschafts-
beziehungen unter den Inseleinwohnern verhinderten häufig ein
absolutes Abgleiten in den Armenstatus, wobei besonders an die
Folgen von Todesfällen der männlichen Familienmitglieder durch
die gefahrvolle Seefahrt zu denken ist.[3]

---

1 Eine Sonderstellung hatte das nicht zum Herzogtum Schleswig,
  sondern zum dänischen Amt Ribe gehörende Dorf List. Eine
  Ausnahmerolle behielt List auch unter der preußischen Regierung, vgl. S.7 und Vertrag Dr. Nicolas S.94 § 4.

2 Vgl. Booysen 1828, S.36f. u. Hansen 1845, S.101f. u. S.141-
  144; zur allgemeinen Situation in den Herzogtümern vgl. Erichsen 1955, S.217-256 u. Erichsen 1956, S.93-148.

3 Hansen (1880, S.162f.) skizziert die Lebensverhältnisse "vieler Armenfamilien" und hebt "die Wohltätigkeit der Sylter
  gegen Verwandte und Nachbarn" hervor.

Über die Inanspruchnahme des Landschaftsarztes durch die Armenkranken sind aus den Jahren 1859 und 1860 genaue Zahlen überliefert, nur drei Patienten hatten in dieser Zeit "die Hülfe
des Arztes" gesucht.[1]
Neu war auch, die unglückliche Verknüpfung von Arzt und Apotheke 1825 dadurch aufzuheben, daß dem Apotheker Lorenzen aus
Tondern gestattet wurde, in Keitum eine Filiale zu errichten.
Damit hatten die Verhandlungen, die noch zu Lebzeiten von Buchholz eingeleitet worden waren, ihr Ziel erreicht.[2] Dem Apotheker war in seiner Filiale in Keitum gestattet, einen anfangs
50prozentigen Zuschlag auf alle Medizinalwaren zu erheben.
Diese Ausnahmegenehmigung hatte das Sanitätskollegium erlassen, um die wirtschaftliche Voraussetzung für einen Bestand
der Filiale bei der geringen Einwohnerzahl überhaupt erst zu
ermöglichen. Von da an waren die Apothekergeschäfte von den
ärztlichen getrennt.
Ebenfalls als Neuerung waren auch ein vertraglich verankertes
Kündigungsrecht und eine Urlaubsregelung für den Landschaftsarzt festgeschrieben.
Neben diesen vertraglich festgesetzten Regelungen übernahmen
die Sylter Landschaftsärzte offenbar in Übereinkunft mit dem
Tonderner Physikus amtsärztliche Funktionen. Für die Physici
hatten die Reisen nach Sylt immer einen erheblichen Aufwand
gekostet, außerdem war es für sie besonders in der kalten Jahreszeit unmöglich, ordnungsgemäß die medicolegalen und medizi-
nalpolizeilichen Aufgaben wie beispielsweise Untersuchungen anläßlich des Auftretens von epidemischen Krankheiten, die Besichtigung von Strandleichen und die ärztliche Betreuung von
Gefangenen im Keitumer Arresthaus durchzuführen,[3] sowie die

1 SyA-LA, dat. 8.9.1861. Die Belegung für das Jahr 1873 gibt
  Bockendahl (1874, S.43) für Keitum mit 4, Morsum mit 2 und
  Westerland mit 3 Personen an.
2 Von Kardel (1952, S.262-264) liegt ein kurzer Aufsatz vor.
  Er behandelt die Sylter Apothekengeschichte von 1823 bis zur
  Verlegung der Keitumer Landschaftsapotheke nach Westerland
  im Jahre 1892.
3 Nach einer Aufstellung für das Jahr 1835. Es sind amtsärztliche Tätigkeiten von Dr. Wülfke verzeichnet, für die er Zah-
  lungen von der Landvogtei erhielt (LAS-Abt.42 Nr.58).
  Weitere Aufschlüsse über ärztliche Tätigkeiten der Landschaftsärzte wären eventuell aus ihren Berichten an die

Pockenschutzimpfungen vorzunehmen. Ab 1855 wurden den Landschaftsärzten diese Aufgaben offiziell in Form einer Zusatz-
vereinbarung zu den Verträgen zwischen Arzt und Landschaft
übertragen (vgl. SyA-LA, dat. 8.12.1855), für die Impfungen
ist eine schriftliche Vereinbarung zwischen Dr. Wülfke und dem
Tonderner Physikus aus dem Jahre 1830 bekannt (vgl. SyA-LA,
dat. 30.9.1830).

Die ab 1855 geltende und für die Entwicklung der Sylter Landschaftsärzte bedeutsame Kompetenzerweiterung durch die Übertra-
gung von Teilaufgaben des Physikus hatte den nachfolgenden
Wortlaut. Es wurde vereinbart:

"1. daß der Landschaftsarzt, welcher selbstverständlich
nach wie vor dem Tonderschen Physikate untergeordnet
bleibt, abgesehen von der ihm zufolge des mit der Landschaft errichteten Contracts obliegenden Verpflichtung,
die Armenkranken unentgeldlich zu behandeln, gegen die
gesetzlich bestimmten Gebühren die in der Landschaft vorkommenden medico-legalen Geschäfte auszuführen habe:
2. daß er die Medicinalpolizey auf der Insel wahrzunehmen
habe;
3. daß er verpflichtet sei, alle bei ihm eingehenden Ein-
gaben, sowie Copien der von ihm erstatteten Berichten
etc. bei dem Amt zu conservieren habe;
4. daß er verpflichtet sei, die jährlichen Medicinalbe-
richte an das Tondersche Physikat zu erstatten, sowie
endlich
5. daß es in Betreff der Vaccination dabei sein Bewenden
behalte, daß der Landschaftsarzt nach specieller Übereinkunft mit dem Physicus selbige für ihn verrichte" (SyA-LA,
dat. 8.12.1855).

Im Hinblick auf die wirtschaftliche Situation der Landschaftsärzte bedeuten das feste Gehalt und die Einnahmen aus der Privatpraxis, ergänzt durch Erträge aus den amtsärztlichen Tätigkeiten, eine zusätzliche materielle Existenzsicherung und stärk-

---

Physici in Tondern zu erwarten. Die Physici hatten aus ihrem
Tätigkeitsbereich an das Sanitätskollegium zu berichten. Derartige Berichte waren nicht aufzufinden. Jahresberichte der
Tonderner Physici sind nur aus den Jahren 1852, 1856, 1859
und 1863 in LAS-Abt.42 Nr.50 II u. Nr.51 vorhanden. Der Umfang beträgt nur 3-5 Seiten, sie enthalten keine nennenswer-
ten Angaben zu Sylt.
Unter der preußischen Regierung sind Teilinformationen zwar
für den Kreis Tondern, jedoch seltener für die Insel aus den
Generalberichten über das Gesundheitswesen von Bockendahl
1871 - 1895 veröffentlicht.

ten ihre Stellung gegenüber Konkurrenten. Für zwei Ärzte war
auf Sylt erst ab der zweiten Hälfte des 19.Jahrhunderts auf
Dauer eine ausreichende Existenzgrundlage vorhanden, worauf
später noch eingegangen wird.
Es sollte sich damit im Vergleich zu der Situation in den Jahren der Amtszeit von Dr. Wülfke die wirtschaftliche Lage der
Landschaftsärzte verbessern. Dr. Wülfke betonte in seinem Ab-
schiedsschreiben (vgl. SyA-LA, dat. 27.10.1838) nach seiner Ernennung zum Husumer Physikus, daß seine Amtseinnahme nur für
mäßige Bedürfnisse hingereicht hätte. Diese Einnahme hätte
durchschnittlich 500 Reichsthaler Courant Brutto einschließlich
der Kosten für das Dienstpferd betragen, "was", so schrieb er
1838, "gewiß nicht zuviel ist, eine Familie standesgemäß zu
erhalten, und wobei schwerlich große Ersparnisse für das Alter
zu machen sind".
Nach seinem Weggang konnten sich die Landesgevollmächtigten bei
der Auswahl eines geeigneten Bewerbers Zeit lassen. Die ärztliche Versorgung für die Zwischenzeit war durch einen von Dr.
Wülfke benannten Stellvertreter sichergestellt. Dr. Wülfke hatte den dänischen Arzt Peter Saxild benannt. Dieser hatte kurz
vorher seine Praxis in Hoyer aufgeben müssen, da er nach Niederlassung eines "mit den angesehendsten Häusern in Hoyer in Fami-
lienverbindung" stehenden Kollegen den größten Teil seiner Praxis verloren hatte.[1] Auch nach der Wahl des neuen Landschaftsarztes - Saxild hatte sich erfolglos um das Amt beworben -
blieb er auf der Insel. 1847 zog Saxild auf die dänische Insel
Fanö und wurde später Schiffsarzt (nach Brix 1982, S.36). Über
seinen fast neunjährigen Aufenthalt auf Sylt ist wenig überliefert. Der Chronist Rinken vermerkt: "Dennoch aber blieb Saxiel
auch als Arzt hier auf Sylt, beide in Keitum sich aufhaltend,
und der eine brauchte Ackermann, der andere Saxiel" (Rinkenchronik II, S.167). Es ist anzunehmen, daß Saxild besonders
unter den aus Dänemark stammenden Einwohnern seinen Patienten-
kreis hatte.[2]

---

1 Angaben nach seinem Bewerbungsschreiben (SyA-LA, dat. Nov.
  1838).

2 Vgl. Anm.1 auf S.8 dieser Arbeit. Im "Königlich dänischen
  Hof- und Staatskalender" wird Saxild von 1839 bis 1847
  fälschlich als "constituirter Landschaftsarzt" angegeben. Dieses Amt bekleidete Dr. Ackermann ab 1839. S. veröffentlich-

In Zeitungsannoncen wurde im November 1838 ein Nachfolger gesucht. Im Altonaischen Mercurius erschien folgende Anzeige:

"Durch die allerhöchste Ernennung des Hrn. Dr. Wülfke zum
Physicus in Husum ist der Posten eines hiesigen Landschaftsarztes erledigt worden.
Zufolge allerhöchsten Resciptes, d.d.Gottorff, den 20.
April 1792, wird unter Vorbehalt der allerhöchsten Bestätigung der Posten eines Landschaftsarztes durch Wahl
und Kontrakt mit den Landesgevollmächtigten besetzt, und
diejenigen Herren Ärzte, welche dies Amt, mit welchem
ein jährliches Fixum von 320 Rbthlr.Silber gegen Übernahme bestimmter Verpflichtungen verknüpft ist, zu suchen
wünschen, werden daher aufgefordert, sich innerhalb sechs
Wochen an das Collegium der Sylter Landesgevollmächtigten in portofreien Briefen zu wenden.
Keitum auf Sylt, den 27.Oktober 1838.
                In Auftrag der Landesgevollmächtigten:
                                        Andr. Andresen."
(Altonaischer Mercurius v. 6.11.1838, S.3847)

Der Bewerberandrang war groß. Es meldeten sich zwanzig Bewerber.[1] Gleichzeitig begann auf der Insel eine öffentliche Diskussion um die Zweckmäßigkeit der 1825 mit dem zweiten Landschaftsarzt abgeschlossenen vertraglichen Vereinbarungen. So wurden
angesichts der hohen Bewerberzahlen 1838/39 ausgiebige Überle-
gungen über eine mögliche veränderte Gestaltung des zukünfti-
gen Verhältnisses zwischen Arzt und Landschaft angestellt.

Insgesamt sah man etwas pessimistisch in die Zukunft und
hatte Zweifel, wieder einen Arzt wie Dr. Wülfke zu bekommen.
Die Sylter hatten ihn aufgrund seiner maßvollen Gebühren in
bester Erinnerung. Besonders wurde bei seinen Honorarforderun-

---

te in seiner Sylter Zeit 1846 eine Darstellung der Sylter-
friesischen Sprache: "Skildring af Syltermaalets Sproglaere"
(nach Erslew 1868, S.17). 1852 war nochmals ein dänischer
Arzt, Cand. med. et chir. Ludvig Philipp, für kurze Zeit auf
Sylt tätig. Dieser Arzt erhielt, wie später auch Dr. Jenner
und Dr. Witt, einen Zuschuß von privater Seite (vgl. Anm. 1,
S.68 und Anm. 1 , S.80 dieser Arbeit). Sein Vertrag wurde
wegen "Mangel an Kenntnissen" (SyA-LA, dat. 27.1.1866) nicht
verlängert, so daß er nach 5 Monaten die Insel wieder verließ (vgl. Brix 1981, S.40).

1 Folgende Bewerber hatten sich um die freie Landschaftsarzt-
  stelle bemüht (Aufstellung nach dem Original SyA-LA, dat.
  22.12.1838):
  Dr.Roll, Lügumkloster; Dr.Levestamm, Flensburg; Dr.Claasen,
  Tönning; Dr.Timm, Eckernförde; Dr.Mohr, Glückstadt; Dr.Borg-
  hof, Treya; Dr.Boiy, Niebelum; Dr.Janssen, Uetersen; Dr.Stef-
  fens, Reinfeld; Dr.Ackermann, Neumünster; Dr.Nagel, Sonderburg; Dr.Nagel, Leck; Dr.Francke, Kiel; Dr.Soosten, Husum;

gen die Berücksichtigung der "ärmeren Classen" herausgestellt
(vgl. SyA-LA, dat. 1.11.1838). Der Ruf der Ärzte im Hinblick
auf ihre Honoraransprüche zu dieser Zeit scheint nicht der
beste gewesen zu sein; zumindest war man skeptisch.
Zur Dämpfung der zu erwartenden Kosten wurden zwei Möglichkeiten erwogen:
Ein Vorschlag beinhaltete, zwei Ärzte bei Halbierung des festen
Gehalts anzustellen. Von der sich ergebenden Konkurrenzsitua-
tion versprach man sich, daß sich die Ärzte bei ihren Honorar-
ansprüchen unterboten.
Ein anderer Vorschlag ging davon aus, vertraglich Höchstgebüh-
ren für Patientenbesuche unterhalb der gültigen Medizinaltaxe
von 1820 festzulegen (vgl. Dohrn 1834, S.82-87).Der entsprechende Passus (§ 6) des Vertragsentwurfs lautete:

> "Verpflichtet sich Dr. N.N., welcher selbstverständlich
> verbunden ist, auf Verlangen immer so bald als nur mög-
> lich und so oft der Patient es wünscht, zu kommen, als
> höchste Bezahlung für den ersten Besuch, mag selbiger
> nun in den entferntesten Dörfern oder in Keitum verlangt
> werden, nie mehr als 32 f. vorml. Court. - schreibe Zwey
> und dreyzig Schillinge Ct. - und für den zweiten und je-
> den der folgenden Besuche als höchste Bezahlung nie mehr
> als 16 f. - schreibe Sechzehn Schillinge vormal. Court.
> zu nehmen, demzufolge nichts für die Tour oder die Reise
> noch als Diäten zu berechnen, und außerdem, namentlich
> bey chirurgischen Operationen und der Geburtshülfe sich
> nicht nach der Sporteltaxe, sondern überall nach möglich-
> ster Billigkeit zu richten" (Vertragsentwurf vom Nov.
> 1838, SyA-LA).

Dieser letzte Vorschlag stand im Mittelpunkt der Diskussionen,
an denen sich neben der Bevölkerung auch Bewerber um die freie
Stelle beteiligten. Die Lebhaftigkeit der Auseinandersetzung
von seiten der Bevölkerung drückt sich aus in Protestbriefen
von Keitumer und Archsumer Bürgern, die zugleich zeitgenössische Würdigungen der ärztlichen Tätigkeit waren:

> "(...) Dem Arzt muß hinsichtlich seiner Bezahlung einiger
> Spielraum gelassen werden. Und ihm genaue Vorschriften
> über seine Visitengebühren geben zu wollen, halten wir

Dr.Ström, Husum; Dr.Hübener, Itzehoe; Dr.Saxild, Hoyer; Dr.
Bliedung, Barkau b.Kiel; Dr.Hansen, Hadersleben; Dr.Schröder,
Kiel.
Die lange Bewerberliste weist auf eine "Ärzteschwemme" und
harte Konkurrenz im 4.Jahrzehnt des 19.Jahrhunderts hin.
Vgl. dazu Anonym 1860, S.61-70.

durchaus für schädlich, denn ein menschenfreundlich ge-
sinnter und selbstständiger Mann, wird dies anstößig
finden und sich in seinem Zeitgefühl dadurch gekränkt
fühlen, und ein Mann von dem entgegengesetzten Character
wird eine Bestimmung, wie die infrage stehende, sehr zu
seinem Vortheil, aber zum großen Nachtheil des hiesigen
Mittelstandes und der Unvermögenden benutzen können.
(...) Nicht im eigenen Interesse, sondern im Interesse
der unbemittelten Einwohner (...)" (SyA-LA, dat. 29.4.
1839) -

so unterschrieben von sieben Keitumer Bürgern.

In ähnlichem Sinne äußerten sich dreizehn Archsumer Eingesessene im "überwiegenden Interesse der Mehrzahl der Einwohner":

"(...) Daher scheint es uns, einem Mann, dem wir unser
theuerstes Gut, unser Leben anvertrauen, ihm auch unbe-
schränkt zu überlassen, daß er überall und bei jedem nach
Umständen und Billigkeit ·in dem Punkte verfahre. So war
es mit Dr. Wülfke und keine Klage ist über ihn bekannt
geworden. (...)" (SyA-LA, dat. 29.4.1839).

Ähnliche Gesinnung und Grundsätze glaubten die Archsumer auch
zuverlässig bei dem neuen Landschaftsarzt erwarten zu können.

Sehr kritisch und offen äußerte sich auch der Kieler Arzt
Dr. Francke aus dem Kreis der Bewerber. Auf ihn waren beim ersten Wahlgang zum Landschaftsarzt die meisten Stimmen entfal-
len. Er setzte sich mit dem oben wiedergegebenen § 6 und mit
der Kündigungsregelung (§ 9) auseinander und argumentierte in
gleicher Richtung der von den Bürgern geäußerten Befürchtungen:

"Die Puncte welche mir auffallen sind § 9 und § 6, weil
sie theils eines Arztes unwürdig sind, theils ein unbe-
gränztes Mißtrauen verrathen, welches doch durch genauere
Erkundigungen nach dem Charakter des Arztes wol hätte
beseitigt werden können, theils die Existenz des Arztes
nach Ablauf der drei Jahre so unsicher machen. Nur Dienst-
boten und Miether stehen auf Kündigung, kein einziger
Beamte aber im ganzen Staate. Glauben sie übrigens, durch
§ 6 sich gegen jede Übertheuerung sicher gestellt zu haben, so ist das ein Irrthum; (...)" (SyA-LA, dat. 18.1.
1839)

denn es könnten, so führte er aus, die Ausgaben der Patienten
für ärztliche Leistungen bei voller Ausschöpfung der Medizinaltaxe "bei einem gewissenlosen Arzte", der die Vermögensverhältnisse nicht individuell berücksichtigt, sehr erheblich werden.
Und er fuhr fort:

"Übrigens hatte ich gehofft, in meinem künftigen Wirkungs-
kreis mir nicht nur Vertrauen auf meine Kenntnisse und
Geschicklichkeit, sondern auch auf meinen moralischen
Charakter zu verschaffen, welches letztere ich durch Ihre
Bedingungen leider theilweise abgeschnitten sehe" (SyA-LA,
dat. 18.1.1839).

Unter den vorgeschlagenen Bedingungen würde er die Stelle nicht
annehmen.

Bemerkenswert ist, daß vermutlich auch unter dem Eindruck seiner Stellungnahme die Gevollmächtigten den Vertrag in der alten
Form von 1825 beließen.

Dr. Francke jedoch zog seine Bewerbung zurück. Er begründete
seine Absage nicht zuletzt mit der Abgelegenheit der Insel,
"wo man ganz aus dem literarischen und weltlichen Verkehr her-
auskommt und wo noch dazu der collegiale Umgang ganz mangelt",
sowie mit den nur dürftigen wirtschaftlichen Aussichten (SyA-
LA, dat. 5.2.1839).

Auch Dr. Ackermann, der an zweiter Stelle der Wahl stand, machte sich die Entscheidung nicht leicht, in einem zur damaligen
Zeit weitgehend unbekannten Landesteil, noch dazu einer Insel,
seinen künftigen Wirkungskreis zu suchen.

Eingehend erkundete er die Lebens- und Arbeitsbedingungen des
Landschaftsarztes. Die Fragen und Vorstellungen Dr. Ackermanns
in Gegenüberstellung zu der Beantwortung durch den Vorsteher
der Landesgevollmächtigten vermitteln einen Eindruck der Sylter Verhältnisse, über die Ackermann "einen gänzlichen Mangel
aller näheren Nachrichten" eingestand:

> "(...) Bis jetzt ist es mir nicht möglich gewesen über
> alle wissenswerthe Punkte gehörige Auskunft zu erlangen.
> Dennoch kann ich nach längerer Prüfung Ihnen die Versiche-
> rung ertheilen, daß ich Ihr vertrauensvolles Anerbieten
> anzunehmen geneigt bin. Sie werden mir indessen erlau-
> ben, hier einige nähere Bemerkungen über den übersandten
> Entwurf zu einem Contracte mit Ihrem künftigen Arzte zu
> machen, aus denen Sie meine Ansichten ersehen und von
> deren Realisierung mein letzter Entschluß abhängen wird.
> Zur tüchtigen Ausübung ärztlicher Geschäfte, deren
> schwierige und finstere Seiten Ihnen theilweise bekannt
> sein werden, gehört eine ungestörte Heiterkeit und Freu-
> digkeit der Seele. Sie werden selbst diese Ihrem Arzte
> wünschen müssen. Um sie aber zu besitzen ist Entfernung
> der Nahrungssorgen und ein Zustand h(äuslicher ?) Zufrie-
> denheit für jeden Nordländer eine durchaus nothwendige
> Sache. Es versteht sich von selbst, daß die Verhältnisse
> berücksichtigt werden müssen. Nach eingezogenen Nachrich-

ten hat der Dr. Wülfke jährlich 500 rC. Einnahmen gehabt.
Dieß würde auch mir genügen, wenn ich die Verhältnisse
der Insel berücksichtige; so viel scheint mir aber auch
nothwendig zu sein, um sorgenfrei existiren zu können.
Wenn Sie nun in dem Contracte dagegen bemerken, daß ich
ein Fixum von 200 rC. erhalten würde, aber die Beförderung selbst übernehmen müßte, so sagen Sie mir Rätsel,
denn ich weiß nicht, wieviel Beförderung auf Sylt kosten
kann. Wenn Sie ferner festsetzen, ich solle für Besuch
so und so viel haben, so kann ich daraus ebenso wenig
vorläufig berechnen, wie meine Stellung in öconomischer
Hinsicht sein wird. Diese Dunkelheiten sind es, die meine
definitive Erklärung zurückhalten. (...)
Ich bin mir eine genaue Erörterung dieser Verhältnisse
selbst schuldig, da Sie leicht einsehen werden, daß von
meiner Entscheidung meine ganze eigne Zukunft abhängt.
Alleiniger Arzt zu sein ist kostspieliger, weil man alle
und jede Apparate, Bücher und dergleichen allein bezahlen muß, während anderswo Collegen sich einander aushel-
fen. An gesellige und gebildete Kreise gewöhnt, würde
die Einsamkeit der Insel, die sicherlich keine große Wahl
des Umganges zuläßt, Verheirathung mir zum Bedürfnis machen; ein Umstand, den Sie, abgesehen von meiner (Persönl?)
ichkeit selbst wünschen werden. (...)" (SyA-LA, dat. 4.3.
1839).

Ausführlich antwortete der Vorsteher der Landesgevollmächtigten H.B. Boysen (vgl. SyA-LA, dat. 22.3.1839). Er konzentrier-
te sich darauf, die Befürchtungen des jungen Arztes Dr. Ackermann auf eine nur unsichere Existenz zu zerstreuen und vermittelte gleichzeitig einen Eindruck der Lebensverhältnisse und
der Atmosphäre auf Sylt in den 40er Jahren des vergangenen
Jahrhunderts. Ausdrücklich lobte er Dr. Wülfke. Dieser hätte
"neben seiner geschickten Praxis ein ehrendes Andenken rück-
sichtlich seiner großen Billigkeit im Puncte der Bezahlung bei
uns hinterlassen" (SyA-LA, dat. 22.3.1839), und durchaus leicht
hätte er, so betonte Boysen, seine Einnahme von 500 Reichsthaler Courant erhöhen können, ohne deshalb auch nur die min-
deste Unzufriedenheit zu erregen. Auch einen Vergleich mit dem
Festland scheute der Vorsteher nicht, wenn er schrieb:

"Überdem können Sie hier im Allgemeinen ziemlich fest auf
das Einkommen Ihrer Rechnungen sich verlassen. Dr. W.
äußert sich neulich von Husum aus also: nicht das beste
der Dörfer um Husum könne den schlechten hier gleichge-
achtet werden" (SyA-LA, dat. 22.3.1839)

Fast könnte man meinen, er legte es mehr als Bequemlichkeit
aus, daß Dr. Wülfke und sein Vorgänger stets ein Reitpferd gehalten hätten, wenn er bemerkte, daß zu Fuß die größte Entfer-

nung (von Keitum nach Rantum) in 1 1/4 Stunden zurückgelegt
werden könne. Die Beantwortung schließt dann, indem er das
besondere Gepräge der Insel durch die Seefahrenden hervorhebt,

"(...) worunter viele Schiffskapitäne, die in allen Gegen-
den der bekannten Welttheile gewesen, daher eine viel-
seitigere Bildung und eine höhere Intelligenz neben einem gastfreien zwanglosen Umgang sich hier finden, als
man höchst selten, vielleicht nirgends mehr in dem Grade,
auf dem Lande antrifft, ja öfters in den kleinen Städten
vermißt, so daß ich auch in dieser Rücksicht Ihnen ver-
sichern kann, daß sie wie früher so viele Fremde, sich
hier bald und hoffentlich dauernd, unter uns glücklich
fühlen werden! Nur der Besuch der höheren Schulen seiner
heranwachsenden Kinder veranlaßte den Dr. W. nach seiner
Geburtsstadt zurück zu ziehen.(...) Ein schönes, vor etwa
10 Jahren von ihm neu aufgeführtes Haus steht unbewohnt
und wünscht solches gern seinem Nachfolger zu überlassen"
(SyA-LA, dat. 22.3.1839).

Nach dieser Aufklärung über die Lebens- und Arbeitsbedingungen
nahm Dr. Ackermann die Stelle an. Er blieb bis 1855 auf Sylt.
Das Amt des Landschaftsarztes war für ihn, wie auch schon für
seinen Vorgänger, das Sprungbrett zum beruflichen Aufstieg in
das Amt des Physikus.

Diese beiden Ärzte, Dr. Wülfke und Dr. Ackermann, hatten großen
Anteil daran, der Institution des kommunalen Arztes zu einem
hohen gesellschaftlichen Ansehen zu verhelfen. Dazu haben möglicherweise auch nachweisbare Erfolge in der Geburtshilfe in
Zusammenarbeit mit den Hebammen beigetragen. Die Müttersterblichkeit war nach Einführung der ärztlichen Geburtshilfe deutlich zurückgegangen.[1]

Die weitere Entwicklung wurde überschattet von der zunehmenden
Polarisierung der nationalen Auseinandersetzungen von Schleswig-

---

1 Auf der Insel waren drei Hebammen tätig, je eine in den Dörfern Morsum, Keitum und Westerland, und Sylt war entsprechend
in Hebammendistrikte aufgeteilt (vgl. SyA-LA, dat. 12.11.
1810). Allgemein hat sich nach Einrichtung der Hebammenlehr-
anstalt in Kiel Anfang des 19.Jahrhunderts ihre Ausbildung
deutlich verbessert - vgl. Jenner 1982, S.80-90. Einige Zahlenangaben zur Müttersterblichkeit macht Krohn 1948, S.29,
danach starben in den Jahren 1765-1768 im Dorf Keitum von 34
verstorbenen Frauen 8 im Wochenbett, 1777 sogar 7. Nach Rinkenchronik II, S.157 waren im zweiten Viertel des 19.Jahrhun-
derts in 23 Jahren nur 4 Frauen im Wochenbett verstorben.

Holsteinern und Dänen, die sich nach dem Weggang Dr. Ackermanns auf die ärztliche Versorgung auswirken sollten. Bis dahin waren die Landesgevollmächtigten in der Auswahl der Bewerber unabhängig gewesen. In der folgenden Periode von 1855 bis
1864 war dann eine dänische Gesinnung von ausschlaggebender
Bedeutung für die Besetzung der Landschaftsarztstellen.

Die Landesgevollmächtigten gerieten unter den Druck der
veränderten politischen Verhältnisse. Es muß allerdings festgestellt werden, daß bei der Wahl von Dr. Wülfke und Dr. Ackermann auch Gesinnungsfragen eine gewisse Rolle gespielt haben.
Die Gevollmächtigten hatten sich jeweils bemüht, vor den Wahlen bei auswärtigen Syltern und Freunden auf dem Festland Erkundigungen über die Bewerber einzuholen.

Eine derartige Beurteilung ist über einen Mitbewerber von Dr.
Wülfke, den dänischen Arzt Lassen, von dem zu dieser Zeit in
Kopenhagen lebenden Uwe Jens Lornsen anläßlich des Wahlverfah-
rens von 1824 überliefert. Lornsen schrieb an seinen Vater:

> "(...) Was den von Grot Empfohlenen Lassen anlangt, so habe
> ich mich schon über und gegen ihn, insofern er ein Stock-
> däne ist, erklärt. In anderer und zwar in der eigentlich
> hier nur zur Sprache stehenden medicinischen Hinsicht,
> kann ich nach dem Resultate der desfalls über ihn einge-
> zogenen Erkundigungen nicht umhin, in Euch zu empfeh-
> len (...)"[1]

Die Annahme, daß eine schleswig-holsteinische Gesinnung ein
wichtiges Auswahlkriterium darstellte, scheint somit gerecht-
fertigt.

Tatsache ist, daß sowohl Dr. Wülfke als auch Dr. Ackermann Ex-
ponenten der schleswig-holsteinischen Bewegung auf Sylt waren.

---

1 Das Schreiben ist veröffentlicht von Hoffmann u. Jessen 1930,
  S.112-114. Der Vater von Uwe Jens Lornsen gehörte als Mit-
  glied des Sylter Rates mit zu den einflußreichen Bürgern der
  Inselgesellschaft.
  Aus heutiger Sicht fast amüsant sind weitere Angaben Lornsens über Lassen. Dieser sei "im übrigen auch an Vermögen,
  nicht so gänzlich abgebrannt, so daß er sich die nötigen
  Apparate zulegen kann". Er sei ein Mensch von einfachen Sit-
  ten und würde damit auf die Insel passen. "Inzwischen", so
  fährt er fort, "ist er andernseits wieder versprochen und es
  können sich also die jungen Landsmänninnen bei dieser Wahl
  keine Hoffnung machen, was ja auch wieder in Betracht zu ziehen ist".

5.4. Verstärkte dänische Einflußnahme auf die medizinische
Versorgung der Insel von 1855 bis 1864 (2.Phase)

Die dänische Regierung bemühte sich nach der schleswig-holsteinischen Erhebung, im Herzogtum Schleswig einflußreiche Stellun-
gen des öffentlichen Lebens mit gegenüber der staatlichen Politik loyalen Männern zu besetzen. Dieses "Danisirungsbestreben"
betraf neben Geistlichen, Lehrern und anderen Berufsgruppen
auch Ärzte und Apotheker.[1]
Die Auswirkungen des veränderten politischen Klimas für das
Sylter Medizinalwesen lassen sich unter Darlegung der admini-
strativen Einflußnahme auf das Landesgevollmächtigten-Kollegium
und aus den Gegenreaktionen der mehrheitlich deutsch orientier-
ten Sylter Bevölkerung aufzeigen. Als es 1855 die Stelle des
Landschaftsarztes neu zu besetzen galt, brauchte Dr. Ackermann
nach seiner Kündigung keinen Stellvertreter zu benennen, wozu
er vertraglich verpflichtet gewesen wäre. In seinem Ernennungs-
schreiben zum Physikus in Oldesloe teilte ihm das im Zuge der
Verwaltungstrennung der Herzogtümer neu eingerichtete Medizi-
nalinspektorat für das Herzogtum Schleswig mit, "daß es sich
verpflichtet gehalten habe, den Candidat med. et chir. Simon
Levin zu beauftragen", innerhalb einer Woche die amtlichen Geschäfte zu übernehmen (SyA-LA, dat. 23.4.1855).
Die freie Stelle wurde noch von den Landesgevollmächtigten in
verschiedenen Zeitungen ausgeschrieben. Doch aus einem Kreis
von sechs Bewerbern, außer dem dänischen Arzt Levin allesamt
aus den Herzogtümern stammend, wurde Levin einstimmig gewählt.[2]
Die Wahl wurde von nationalen Kreisen auf Sylt stark kriti-
siert. Aufsehen hatten auch schon die Wahlen der in dieser
Zeit rasch wechselnden Landschaftsapotheker erregt.[3]
Der Chronist C.P. Hansen führte aus:

> "Das Sylter Landescollegium schien zum großen Ärger der
> Sylter patriotisch gesinnten Deutschen seit 1851 sehr

---

1 Vgl. Anm.1, S.19.
2 Außer Levin bewarben sich Dr. Michelsen, Schleswig; Dr. Alex-
  ander, Altona; Dr. Tank, Tondern; Dr. Holm, Tondern; Dr.
  Behm, Föhr - SyA-LA, dat. 6.9.1855.
3 Vgl. Kardel 1952, S.52 sowie Bockendahl/Rüppel 1864, S.23.

willfährig gegen alle dänischen Wünsche und Zumuthungen
geworden zu sein; (...)" (Hansen 1877, S.279).

Seiner Einschätzung nach hätte sich die kommunale Vertretung
mit der Wahl "eines dänischen Juden Nahmens Levin" zum Landschaftsarzt gegen den Willen der Bevölkerung gestellt (Hansen
1877, S.280).
Auf Privatinitiative von Inseleinwohnern wurde daraufhin 1858
als Konkurrent zu dem dänischen Landschaftsarzt der aus Holstein stammende Arzt Dr.med. et chir. Jenner[1] auf die Insel
geholt. Er war sehr bald in das Inselleben integriert und, gefördert durch die politische Stimmung und einen sicherlich
auch durch nationale Vorurteile bedingten schlechten Ruf Levins,
hatte Jenner bald eine sehr gut gehende Privatpraxis.
Wesentlich für seinen raschen Erfolg war, daß er zu fast gleichen Bedingungen wie der offizielle Landschaftsarzt arbeitete.
Denn Dr. Jenner war ebenso wie dem Landschaftsarzt auferlegt,
für Patientenbesuche keine Meilen- und Diätengelder zu berechnen. Dafür wurde Dr. Jenner jährlich bis zum Machtwechsel ein
Fixum von 250 R.M., welches durch private Spenden aufgebracht
wurde, gezahlt (vgl. LAS - Abt.42 Nr.58). Später betonten die
Beteiligten auf einer Bauernversammlung am 10.12.1860 in Keitum, die Engagierung Jenners wäre nur aufgrund eines allgemeinen Bedürfnisses nach einem zweiten Arzt und wegen fachlicher
Unzulänglichkeiten des Landschaftsarztes Levin in der Geburtshilfe erfolgt:

"Die Beschuldigung gewisser Leute, die alles auf ihre
Weise deuten, es sei der gedachte Akt eine politische
Demonstration gewesen, weist die ganze Bevölkerung mit
der verdienten Verachtung zurück."[2]

---

1 1828 in Plön als Sohn eines Arztes geboren, studierte Andreas
  Ludwig Otto Jenner nach einer Mechanikerlehre und der Teil-
  nahme als Artillerist am Krieg 1848-1851 in Kiel (nach Alberti 1867, S.320-321). Schon im ersten Jahr seiner Niederlassung auf Sylt heiratete er eine Keitumerin (Kirchenarchiv
  Keitum, Kopulationsregister); auch kulturpolitisch recht
  aktiv, gründete er mit Erfolg verschiedene Vereine, einen
  "Lesecirkel" und eine Bibliothek (nach Hansen 1877, S.264 u.
  290).

2 Eingabe Sylter Eingesessener an das Collegium der Landesgevollmächtigten als Ergebnis einer Bauernversammlung in Keitum (LAS - Abt.42 Nr.58), teilweise zitiert von Bockendahl/
  Rüppel 1864, S.10. Besonderes Aufsehen hatte ein Zwischen-

Jedoch hatten die Teilnehmer in der gleichen Gemeindeversamm-
lung einstimmig bekräftigt, sie wollten lieber "einen privaten
Arzt als einen aufgezwungenen".
Gefördert durch diese politische Stimmung, betreute Dr. Jenner
bald den größten Teil der Patienten. Diese Konkurrenz und vielleicht auch fachliche Mängel waren Gründe für Levin, die Insel
1860 zu verlassen.
Zu erwähnen sind hier auch weitere Vorgänge, die von Anfang an
Levins Arbeit erschwerten. So hatte sich Dr. Ackermann gewei-
gert, seine die medizinische Versorgung der Insel betreffenden
Unterlagen an seinen Nachfolger zu übergeben (vgl. LAS- Abt.42
Nr.58). Vermutlich geschah dieses auch aus politischen Gründen. Außerdem wurde Levin, im Gegensatz zu seinen Vorgängern,
nur ein Urlaub von nicht länger "als zwei Tage auf einmal" zugestanden.[1] Diese Urlaubsregelung wurde auch für die beiden
folgenden Ärzte vertraglich festgelegt, später dann jedoch -
unter preußischer Herrschaft - bei Dr. Dittmann flexibler ge-
handhabt. Damit war es den Ärzten fast unmöglich gemacht, die
Insel zu verlassen, da für die Hin- und Rückreise per Schiff
zum Festland allein schon fast zwei Tage zu veranschlagen waren.
Nach dem Weggang Levins wurde, wiederum vom Medizinalinspekto-
rat, als Stellvertreter der dänische Arzt Carstens benannt, und
wiederum wählten die Landesgevollmächtigten den behördlichen
Kandidaten zum Landschaftsarzt.
Dr. Jenner, der sich ebenfalls beworben hatte, blieb in der
Wahl 1863 wie auch schon 1860 erfolglos (vgl. SyA-LA).
Bereits nach drei Jahren kündigte Carstens sein Amt. In zwei
verwaltungsinternen Berichten des Medizinalinspektors Dr.
Schleisner[2], die auszugsweise wiedergegeben werden, wird die

---

fall während einer Geburt erregt, der dem Landschaftsarzt
Levin angelastet wurde. In diesem Zusammenhang wurde die fach-
liche Qualifikation Levins angezweifelt. - Vgl. Brix 1982,
S.18f.

1 Verträge der Landschaft mit den Ärzten Levin vom 27.8.1855,
Carstens vom 6.5.1861 und Dr. Dittmann vom 16.11.1863 (sämt-
lich SyA-LA).

2 Dr.med. Schleisner war 1859 laut der Kurliste (Sylter Rundschau vom 4.5.1953) Badegast in Westerland, woraus sich die
örtlichen Detailkenntnisse erklären lassen.

offizielle Einschätzung der Lage der dänischen Ärzte auf Sylt
nach der Kündigung von Carstens und auch insgesamt die Personalpolitik dokumentiert.
Aus dem Bericht vom 19.6.1863:

> "Bereits während der Zeit des Vorgängers des Herrn Carstens
> glückte es einem Theil der illoyalen Bevölkerung auf der
> Insel, einen deutsch-gebildeten, sehr übel gesinnten Arzt,
> Dr.med. et chir. Jenner, hinüber zu rufen. Dieser Arzt,
> welcher einer der einflußreichsten Familien verschwägert
> wurde, verstand es sehr bald, sich eine ziemlich große
> Praxis und zugleich Einfluß auf die Bevölkerung zu ver-
> schaffen, und vorzüglich waren verschiedene Chicanen von
> seiner Seite der Grund, daß der vorige Landschaftsarzt
> Levin auch seine Stellung aufgab. Diese Verhältnisse sind
> unter Herrn Carstens Zeit eher verschlimmert als verbes-
> sert worden, und da die Privatpraxis des Herrn Carstens
> zuletzt beständig im Abnehmen gewesen ist, kann man es
> ihm nicht verdenken, daß er seine Stellung aufgibt, worin
> er, solange Dr. Jenner zur Stelle ist, das Hinreichende
> für sich und seine Familie erwerben zu können, verzwei-
> feln muß, unterdeß muß ich darauf aufmerksam machen, daß
> der Zeitpunkt, den Hr. Carstens gewählt hat, um seinen
> Posten zu verlassen, sehr übel gewählt ist. Der loyale
> Vorsteher des Landschafts-Collegiums, Hr. Boysen, ist näm-
> lich neulich mit dem Tode abgegangen und an seiner Stelle
> ist, gerade der Schwager des genannten Dr. Jenner als Mit-
> glied des Collegiums gewählt worden. Es dürfte deshalb
> vielleicht seine Schwierigkeiten haben, diesmal eine
> qualifizierte Wahl durchzusetzen. Da Hr. Carstens nun
> mit seiner sehr kurzen Frist mich von seinem Entschlusse
> bekannt gemacht hat, so habe ich bis jetzt keine Schrit-
> te thun können, um an seine Stelle eine qualifizirte zu
> constituiren. Und indem ich überhaupt daran verzweifle,
> daß irgendein Arzt aus dem Königreiche, so wie die Ver-
> hältnisse auf Sylt nun sind, sich bewegen lassen wird,
> diese Stellung anzunehmen, würde ich es als ein Glück
> ansehen, wenn es mir gelingen sollte, einen loyal gesinn-
> ten und im übrigen qualifizirten Kieler Arzt zu bewegen,
> nach Sylt zu gehen."[1]

Aus dem Bericht vom 22.7.1863:

> "Weil es mir bisher nicht gelungen war, medizinische Can-
> didaten aus dem Königreiche zu bewegen nach Sylt zu gehen,
> habe ich unter gestrigen Datum Dr.med. et chir. Dittmann,
> practischer Arzt in Tolk, aufgegeben, sich innerhalb 8
> Tagen auf Sylt einzufinden. Der Dr. Dittmann wird schon
> dem Ministerium bekannt sein durch sein kürzlich durch
> das vacante Husumer Physicat eingereichte Gesuch. Derselbe
> ist entschieden loyal gesinnt, und darf ich hoffen, daß

---

1 Zit. aus verwaltungsinternen Akten des Medizinalinspektorats
  in Flensburg, Bericht v. 19.6.1863 (nach Bockendahl/Rüppel
  1864, S.7).

es ihm, als einen älteren und zumal im Herzogthum gebore-
nen Ärzte gelingen wird, die Concurrenz mit dem übelge-
sinnten Dr. Jenner besser auszuhalten, als es mit den
beiden letzten aus dem Königreiche angestellten Landschaftsärzten der Fall gewesen."[1]

Soweit die Passagen aus diesen aufschlußreichen Quellen; die
vom zeitgenössischen Chronisten C.P. Hansen vermittelte Einschätzung und Stimmung findet somit durchaus ihre Bestätigung.
Denn ziemlich klar wird von Medizinalinspektor Dr. Schleisner
dargelegt, auf welcher Strategie die Personalpolitik der dänischen Regierung in dieser zweiten Phase des Sylter Landschafts-
arztwesens beruhte. Offenkundig groß waren die Schwierigkeiten
kurz vor Ende der dänischen Herrschaft in den Herzogtümern,
einen geeigneten loyal gesinnten Arzt zu motivieren, sich in
einem der dänischen Politik weitgehend kritisch gegenüber ein-
gestellten Landesteil, wie beispielsweise Sylt, zu betätigen.

Aber noch eine andere, für die weitere Entwicklung Sylts
außerordentlich wichtige Veränderung machte sich in dieser
Phase bis 1864 bemerkbar - die Öffnung der Insel für den Fremdenverkehr. 1855 wurde das Westerländer Seebad gegründet.[2]
Gesundheit war ein Hauptwerbeakzent des jungen Seebades. Diese Einstellung findet den deutlichsten Ausdruck in dem "Handbuch für Badegäste und Reisende - die nordfriesische Insel Sylt,
wie sie war und wie sie ist" von C.P. Hansen, der sich 1859 folgendermaßen an die Badegäste wandte:

"Sind Sie also schwach und krank, Sie deutscher oder dänischer Bruder, leidend am Leib und an den Gliedern, so machen Sie nicht wie heute mit mir eine Gedankenreise, sondern kommen Sie in Wirklichkeit hierher nach den friesischen Inseln und stärken Sie Ihre Gesundheit in der stets
reinen und kühlen Seeluft. Waschen Sie sich rein im kühlen Meere nach der Tageslast und Hitze, die Sie in Ihrem
Beruf vielleicht lange getragen, rein von allem, was Sie
im Inlande oder in der Stadt vielleicht zu verderben an-
gefangen, lassen Sie sich taufen in dem Bade, daß die
lebensmuthigen und thatkräftigen Seehelden der alten Zeit
erzeugte und stählte" (Hansen 1859, S.159f.).

---

1 Zit. aus verwaltungsinternen Akten des Medizinalinspektorats
  in Flensburg, Bericht v. 22.7.1863 (LAS-Abt.42 Nr.58).

2 Einen ausführlichen Überblick über die Geschichte des Bades
  und der Stadt Westerland geben Voigt/Wedemeyer 1980.

Von der Gründung des Bades an betreuten die Sylter Ärzte die
Badegäste während der Saison und nannten sich "Badearzt". Die
Besucher des Bades waren für sie eine willkommene zusätzliche
Einnahmequelle.
Die private Westerländer Badegesellschaft hatte den Landschafts-
arzt Levin 1860 als ersten offiziellen Badearzt gegen ein Ge-
halt von 200 Thaler Reichsmünze verpflichtet, wenigstens drei-
mal wöchentlich Sprechstunde im Bad abzuhalten.[1]
Als Dr. Jenner auf die Insel gekommen war, traten die Ärzte
auch im Bad als Konkurrenten auf. Im Interesse der dänischen
Badeärzte Levin und nach ihm Carstens stellte die Landvogtei
1860 und 1862 Anträge an die Regierung, dem deutschen Arzt Dr.
Jenner zu verbieten, in den Lokalen der Badegesellschaft seine
Konsultationszeiten bekanntzumachen. Dieses Ansinnen wurde ab-
gelehnt. Allerdings erhob die Regierung nach der Wahl Dr. Jenners zum offiziellen Badearzt im Jahre 1862 Einspruch und
drohte, daß dem jungen Bad eingeräumte Begünstigungen wieder
entzogen würden, wenn die Gesellschaft nicht den dänischen
Arzt Carstens als Badearzt einstellte.[2] Diesem Druck beugte
sich die Badegesellschaft. Unabhängig von dieser Auseinandersetzung ging Dr. Jenner in die Geschichte des Sylter Fremdenverkehrs ein, als er schon 1859 das "Nacktbaden" propagierte.
Neben allgemeinen Kurratschlägen empfahl er unter dem Titel
"Einige Verhaltenshinweise beim Gebrauch des Sylter Seebades":

> "Unter allen Umständen bade man ohne Kleider, ausgenommen
> sei hierin allen eine Wachstuchkappe für das Haar der
> Damen. Denn nicht nur hindern die Kleider, auch wenn sie
> noch so dünn sind, die Wirkung des Wellenschlages son-
> dern sie vereiteln gar leicht den Erfolg des ganzen Ba-
> dens dadurch, daß sie den durch Wellenschlage erwärmten
> Körper durch das Anschlagen im nassen Zustand bei dem
> Hinausgehen aus dem Wasser wieder erkälten" (Jenner 1859,
> S.176).

Überhaupt hatten Ärzte einen wesentlichen Anteil an dem Aufstieg des Westerländer Seebades. Besonders für die Anfangs-

---

1 Über die Anstellung der ersten Badeärzte vgl. Rigsarkivet
 1 A 516/1863-hier benutzt Fotokopien des SyA; Sylter Rundschau v. 10.10.1959; LAS-Abt.42 Nr.119.

2 Vgl. Rigsarkivet 1 A 516/1863 - hier benutzt Fotokopien des
 SyA.

Jahre ist hier die Rolle des Altonaer Arztes Dr. Ross zu erwähnen.[1] Auch Dr. Nicolas, der letzte Landschaftsarzt, der
nach Auflösung dieses Amtes 1890 noch lange Jahre als Bade-
direktionsarzt in Westerland tätig war, machte sich um die weitere Entwicklung des Badewesens sehr verdient.

Doch viele Einwohner, besonders aus der Bevölkerung im Osten
der Insel, beobachteten den beginnenden Strukturwandel Sylts
sehr skeptisch und ablehnend. Sehr kritisch wurde die "Beschäftigung" des Landschaftsarztes "der Badegäste wegen" in Westerland und die damit verbundene Abwesenheit "der Mitte des Landes" betrachtet (SyA-LA, dat. 31.7.1861). Man sah die ärztliche Versorgung als gefährdet an. Ein Ausdruck dafür und zugleich ein dramatischer Anlaß war ein Ereignis im Sommer 1861,
als die beiden Ärzte Carstens und Jenner sich während eines
"dringend Hilfe erfordernden Erkrankungsfalles" eines Keitumer
Einwohners in Westerland aufhielten, worüber bei den Landesgevollmächtigten Beschwerde geführt wurde.

Die Beschwerdeführer aus dem Osten der Insel argumentierten,
daß die Landschaftsinteressen weder durch fremde Kurgäste noch
durch die private Westerländer Badegesellschaft geschmälert
werden dürften. Insbesondere vom Landschaftsarzt als kommuna-
lem Beamten erwartete man, daß er jederzeit für die Bevölkerung erreichbar sein müsse.

Offenbar ganz andere Sorgen verband die Regierung mit dem aufstrebenden Seebad, denn das Bad wurde meistenteils von einem
deutschen Publikum besucht, das aus den oberen Schichten stammte. Man kann aus Äußerungen im Hinblick auf die Besucher des
strukturgleichen Bades Wyk auf der Nachbarinsel Föhr schließen,
daß die Befürchtung bestand, der Badeort könnte sich "statt
(zu) einem friedlichen Badeetablissement (...) nach und nach zu
einem gefährlichen Horde für politische Agitation des In- und
Auslandes entwickeln (...)".[2] Es wurde gefordert, daß es für
jeden aus Deutschland kommenden Gast gleich klar sein müsse,

---

1 Eine Würdigung der Verdienste von Dr. Ross bei Voigt/Wede-
  meyer 1980, S.35-37.

2 Zit. nach Bockendahl/Rüppel 1864, S.9f. und LAS-Abt.42 Nr.
  119 aus verwaltungsinternen Akten des Medizinalinspektors
  Schleisner.

daß der Landesteil Schleswig zu Dänemark gehöre. Deshalb war
man bestrebt darauf hinzuwirken, mit der Aufgabe des Badearztes
dänische Ärzte zu betreuen.
Aus der Sicht der Bevölkerung hatte die dargelegte Polarisierung, die bis zum Deutsch-Dänischen Krieg 1864 andauerte, aber
trotz aller Mißstimmungen durchaus Vorteile. Neben dem Landschaftsarzt stand in dieser Periode ab 1858 ein zweiter Arzt
ständig zur Verfügung,und somit bestand für die Patienten mit
Ausnahme der Armenkranken freie Arztwahl bei vergleichbaren
Kosten. Denn hervorzuheben ist, daß Dr. Jenner als Gegenlei-
stung für seine durch private Geldzuwendungen zugesicherte
jährliche Unterstützung abverlangt worden war, wie die Landschaftsärzte die Beförderung selbst zu übernehmen. Er durfte
auch keine Meilen- und Diätengelder berechnen.
Diese Regelungen gelten als Beleg für die allgemeine Anerkennung des Modells eines kommunalen Arztes.

5.5. Die preußische Zeit 1864 - 1890, die dritte Phase des Sylter Landschaftsarztwesens

Am 12.1.1867 begann auf Sylt offiziell die Herrschaft Preußens.
Über die Zeit nach dem Machtwechsel führen Voigt und Wedemeyer
aus:

"Die Sylter waren nach dem Machtwechsel enttäuscht: Uni-
formierte Verwaltung, Abschaffung der Selbstverwaltung
und strenge preußische Militärdienstpflicht erregten
ihre Abneigung. Daß unter dänischer Herrschaft der
Staatsbetrieb mit weniger Aufwand und Kosten funktio-
nierte, schilderte C.P. Hansen in einem Brief an Julius
Rodenberg am 25.April 1876: 'Das was früher durch einige wenige Persönlichkeiten auf der stillen Insel getan
wurde, dazu ist jetzt eine Menge Beamte (30-40 Personen)
vorhanden und natürlich zeitweise auch tätig.' Mancher
Sylter fühlte sich vom dänischen Regen in die preußische Traufe versetzt. Aber die Stimmung wandelte sich
bald. Die Vokabeln Kaiser, Volk und Vaterland waren
stärker als der friesische Spruch 'Lewer duar üs Slaav'"
(Voigt/Wedemeyer 1980, S.46f.).

Die Institution des Landschaftsarztes blieb auch nach dem
Machtwechsel unter der neuen Medizinalverwaltung erhalten. Sie
sollte noch über 25 Jahre der Grundpfeiler der ärztlichen Ver-

sorgung der Inselbevölkerung bleiben. Dr. Dittmann, der sich
unter der dänischen Herrschaft nicht sonderlich politisch exponiert hatte, wurde infolgedessen auch kein Opfer von Säube-
rungsaktionen der preußischen Regierung unter umgekehrten
nationalen Vorzeichen. Der Amtsträger blieb in seiner Stellung. Sein Status änderte sich trotz verschiedentlicher Bemühungen, das Amt des Landschaftsarztes umzugestalten, nicht
wesentlich.
Sowohl die Landesgevollmächtigten als auch die beiden Ärzte
Dr. Dittmann und Dr. Jenner hatten sich Vorteile unter der
neuen Regierung erhofft und entsprechend ihre Vorstellungen
geltend gemacht. Dr. Jenner um so mehr, als er sich durch politische Betätigung für die deutsche Sache, im Gegensatz zu seinem Kollegen, sehr exponiert hatte und in aufsehenerregender
Weise im Kriegsjahr 1864 auf Befehl des dänischen Kapitäns
Hammer, dem Kommandeur der Schleswigschen Westinseln, zusammen
mit sechs weiteren Sylter Persönlichkeiten nach Kopenhagen de-
portiert worden war. Zwei Monate nach ihrer Gefangennahme entlassen, kehrten die Inhaftierten als Kriegshelden zurück (s.
Abb.6).[1]
Die Frage, ob Dr. Jenner überhaupt seine ärztliche Tätigkeit
aufrechterhalten könne, stellte sich, als es 1865 unter den
neuen politischen Verhältnissen nicht mehr gelungen war, die
Summe von 250 Reichsmark, die Dr. Jenner gezahlt worden waren,
privat aufzubringen (vgl. SyA-LA, dat. 12.1.1866).
Die Gevollmächtigten stellten, um den erreichten Stand der
ärztlichen Versorgung zu erhalten, einen Antrag auf Bewilligung
zweier Landschaftsarztstellen und die Finanzierung aus der
Sylter Landeskostenkasse an den neuen Medizinalinspektor Dr.
med. Hansen, den Nachfolger von Dr. Schleisner (vgl. SyA-LA,
dat. 12.2.1866). Folgerichtig sollten beide Ärzte in das Amt
überführt werden. Die Landesgevollmächtigten begründeten ihren
Antrag unter anderem damit, daß sich "immer mehr unangenehme

---

1 Aus zeitgenössischer und dänischer Sicht besonders interessant sind die Protokolle der durchgeführten und wiedergegebenen Verhöre der Verhafteten durch Kapitän Hammer (vgl.
Hammer 1865). Vgl. neuerdings Jacobi/Simon/Wedemeyer 1980,
S.119.

Abb.6: Die sieben im Kriegsjahr 1864 in dänische Gefangen-
schaft geratenen Sylter Persönlichkeiten (aus: SyA)
Von links nach rechts: der Arzt Andreas L.O. Jenner,
Kapitän Cornelius Bleicken, Kapitän Uwe Bleicken,
Ratmann Wulff Hendricks, Bauernvogt Andreas J. Simon-
sen (alle aus Keitum), Kapitän Haulk B. Prott (Westerland), Ratmann Clas Jacob Hein (Archsum)

Gefühle" ausgebreitet hätten, nur von einem Arzt "ohne für
viele unübersteigliche Hindernisse" behandelt zu werden:

"Allein weil dieser Wunsch keineswegs mit den Ansichten
der dänischen Regierung in Einklange zu bringen war,
würde eine derartige Äußerung von Seiten der hiesigen
Repräsentantenschaft nicht nur erfolglos geblieben sein,
sondern auch noch einen härteren dänischen Druck nach
sich gezogen haben, und Vermeidung weiterer Nachtheile
und dänischer Übergriffe waren die Motive, welche den
Landesgevollmächtigten Stille geboten. Weil aber jetzt
die Verhältnisse eine deutsche Gestaltung gewonnen und
eine Gesinnung offen darzulegen nicht mehr mit Nachtheil geahndet wird, (...)" (SyA-LA, dat. 31.12.1866),

würde man erst jetzt diesen Antrag stellen. Auch dies zeigt
wieder, wie stark die Entwicklung des Landschaftsarztes von
den politischen Rahmenbedingungen geprägt wurde.
Das Gesuch wurde abschlägig beschieden. Das "unangenehme Ge-
fühl", nur von einem Arzt behandelt zu werden, könne sich im
Falle des Sylter Landschaftsarztes nur auf die notorisch armen
Kranken beziehen. Aus anderen Gründen zwei Ärzte aus öffentlichen Kassen zu bezahlen, erachtete der Medizinalinspektor
für eine Landkommune von nicht einmal 3000 Einwohnern als un-
nötig.
Die Landesgevollmächtigten waren seit der veränderten Regelung
für die kommunale Selbstverwaltung von 1862 in ihrer Entschei-
dungsbefugnis beschränkt auf Ausgaben unter 50 Reichsmark. Es
muß allerdings festgestellt werden, daß die im Antrag vorge-
brachte Begründung, die ärztliche Versorgung würde nur von einem Arzt getragen, nicht wahrheitsgemäß war. Auch nach dem Weggang Dr. Jenners[1] 1871 waren nämlich, wenn auch mit Unterbrechungen, weitere Ärzte außer dem Landschaftsarzt auf der Insel
tätig (s. Anhang, S. 88). Außerdem hatten die Einwohner mit
dem starken Aufschwung des Fremdenverkehrs wahrscheinlich zunehmend die Möglichkeit, während des Sommers in Westerland
praktizierende Badeärzte aufzusuchen.
Ebenfalls erfolglos blieb 1867 ein "Ehrerbietiges Gesuch um
nöthige und billige Verbesserung der dienstlichen Stellung und
des Einkommens" des Landschaftsarztes Dr. Dittmann, das er aus
einer wirtschaftlich angespannten Situation heraus an die Regierung in Kiel stellte (vgl. SyA-LA, dat. 15.10.1867). Er beantragte einen jährlichen Zuschuß und rückwirkenden Ausgleich

---

1 Dr. Jenner überlegte nochmals 1884 nach dem Tode Dr. Dittmanns, sich um die vakante Stelle des Landschaftsarztes zu
bemühen (vgl. Bewerbungsschreiben SyA-LA, dat. 4.2.1884 u.
21.5.1884). Aber laut Flensburger Norddeutsche Zeitung vom
24.6.1884 setzte er seinem Leben am 20.6.1884 ein Ende. Dieses geschah nach der Urteilsverkündung gegen ihn in einem
Prozeß vor dem Lübecker Schwurgericht noch im Gerichtssaal.
Er war für schuldig befunden worden, "ein Verbrechen gegen
die Sittlichkeit" begangen zu haben. Der genaue Tatbestand
der Anklage geht aus dem Zeitungsbericht nicht hervor.
Vgl. auch Alberti 1885, S.327.

für die ihm bei Dienstantritt zugesagten Gelder, die ihn überhaupt erst bewogen hätten, nach Sylt zu ziehen, und deren er
durch die politischen Umstände verlustig gegangen wäre. Er ver-
langte die Kompetenzen eines Physikus für Sylt und bat außerdem, den bestehenden Vertrag, insbesondere die Meilen- und Diä-
tengeldregelung, den üblichen Verhältnissen anzupassen, denn
diese Gelder würden andernorts den Hauptteil der ärztlichen
Einnahmen ausmachen und sie wären ein Schutzmittel des Arztes
gegen übertriebene Ansprüche der Patienten.
Die Regierung leitete den Antrag an die Landesgevollmächtigten
weiter. Diese beriefen sich auf ihre Rechte aus der Königlichen Resolution von 1792 und antworteten lapidar: "Wenn dem
Herrn Dr. Dittmann seine hiesige Stellung nicht gefällt und
genügt, dann steht ihm ja zu jeder Zeit eine Kündigung frey,
welche wir anzunehmen erbötig sind" (SyA-LA, dat. 27.5.1868).
Die preußische Regierung bestätigte somit nochmals die
Gültigkeit der aus dänischer Zeit stammenden Regelungen.
In den folgenden Jahren arrangierten sich die Landschaft
und ihr Arzt. Dr. Dittmann war allerdings während seiner Sylter
Zeit nach 1864 nicht als Badearzt tätig, was aus Ressentiments
noch aus der Zeit seiner Anstellung herrühren könnte (vgl.
SyA-LA, dat. 4.2.1884). Bis zu seinem Tode 1884 hatte er fast
21 Jahre im Dienst der Landschaft gestanden.
Noch einmal wurde ein Nachfolger gesucht. Alsbald nach dem Tod
von Dr. Dittmann hatten die Landesgevollmächtigten die Königliche Regierung in Schleswig wegen ihrer "eigenen Unkunde in
Beurtheilung eines Arztes und dessen Fähigkeiten" ersucht,
ihnen bei der Suche nach einem geeigneten Nachfolger behilf-
lich zu sein. Für die Anstellung des Landschaftsarztes sollten
die alten bewährten Bedingungen beibehalten werden (vgl. SyA-
LA, dat. 30.1.1884). Dieses Vorgehen ist durchaus als Zeichen
dafür zu betrachten, daß dieses Gremium an Selbständigkeit verlor.
Die Regierungsstellen erklärten sich zur Hilfe bereit, gaben
aber zu bedenken, daß besonders die Beförderungsregelung und
der beschränkte Urlaub von lediglich zwei Tagen gegenüber den
anderen Erwerbsmöglichkeiten für Ärzte ungünstig seien. Es würde schwierig sein, unter diesen Bedingungen einen guten Arzt
zu finden (vgl. SyA-LA, dat. 14.2.1884).

Diese Befürchtungen bestätigten sich. Es gelang nicht einmal,
einen Arzt für die Vakanzzeit zu bestellen. Nach dieser ungün-
stigen Entwicklung entschloß sich die Landschaft doch, ein-
schneidende Änderungen der Vertragsbedingungen vorzunehmen und
verdoppelte das Gehaltsangebot, verlängerte den Urlaubsan-
spruch auf eine Woche und ließ die Bedingung, die Armenkranken unentgeltlich zu behandeln, fallen (Vertrag s. Anhang,
S.94f).
Erst im April 1885 trat dann Dr. Nicolas als neuer Landschaftsarzt den Dienst als kommunaler Beamter an. Gerade zu diesem
Zeitpunkt trat ein neues Moment im Verhältnis Arzt-Patient hinzu - die gesetzliche Krankenversicherung. Gleich zu Beginn
seiner Tätigkeit bahnte sich ein Konflikt mit der am 10.7.1884
gegründeten Ortskrankenkasse des Kreises Tondern an (vgl. LAS -
Abt.320 Nr.61). Anfangs gab es nur wenige Kassenmitglieder
unter den Inselbewohnern (vgl. SyA-LA, dat. 11.8.1885). Weder
der auf Sylt tätige Privatarzt Dr. Witt[1] noch Dr. Nicolas erklärten sich auf Ersuchen der Kasse bereit, gegen ein jährliches "Pauschquantum", wie der zeitgenössische Begriff lautete,
als Kassenärzte zu fungieren. Beide Ärzte erklärten sich nur
bereit, die Kassenmitglieder gegen diejenigen Entschädigungs-
sätze, die sie auch den Armenkranken berechneten, zu behandeln, außerdem verlangten sie entsprechende Meilen- und Diätengelder (vgl. SyA-LA, dat. 11.8.1885).
Die Ausgangslage änderte sich, als die Ortskrankenkasse von den
vertraglichen Verpflichtungen des Landschaftsarztes Kenntnis
erlangt hatte. Sie forderte für ihre Mitglieder die gleichen
Rechte wie für andere Einwohner der Insel und keine Inrechnung-
stellung von Fuhrkosten, Meilen- und Diätengeldern, wie in den
ersten Rechnungen von Dr. Nicolas geschehen. Dazu war der junge Landschaftsarzt nicht bereit:

---

1 Dr.med. et chir. Julius Witt war von 1871-1875 und von 1881-
1918 auf Sylt tätig (nach Alberti 1886, S.392 und SyA-LA,
dat. 15.5.1884). Dr. Witt erhielt wie schon die Ärzte Philipp
und Dr. Jenner in den Anfangsjahren seiner Tätigkeit einen
privat aufgebrachten Zuschuß (vgl. SyA-LA, dat. 6.12.1873)
und praktizierte in Keitum.

"Ich bin zur Zeit mit Arbeit überhäuft und habe nicht
nöthig mehr zu leisten, als ich kann. Außerdem will ich
bei den überaus theuren Lebensverhältnissen der Insel
nicht zu meinen Schaden mit Ihrer Kasse in Verbindung
treten" (SyA-LA, dat. 8.9.1885).

Die Landesgevollmächtigten unterstützten ihn und pflichteten
ihm bei, daß die Kasse in keiner Weise das Recht hätte, sich
auf den Vertrag zu berufen, weil sie zu dem Gehalt des Landschaftsarztes nichts beitrage.
Die Ortskrankenkasse schaltete daraufhin den Landvogt ein. Dieser wies in scharfer Form die Landesgevollmächtigten auf die
für ihn eindeutige Rechtslage hin (vgl. SyA-LA, dat. 21.10.
1885). Der Vertrag würde selbstverständlich sowohl für die von
den Armenkassen unterstützten Mitglieder als auch für Kassen-
patienten gelten. Durch die Haltung der Gevollmächtigten könnte ein Präzedenzfall entstehen mit der Gefahr, das junge Institut Krankenkasse in seiner Existenz zu bedrohen. Die Landesgevollmächtigten sollten deshalb Dr. Nicolas umgehend auffordern,
die Kassenmitglieder wie jeden anderen Einwohner zu behandeln.
    Von diesen Anfangsschwierigkeiten abgesehen, verschaffte
sich Dr. Nicolas schnell einen guten Ruf.
Über die ersten Jahre seiner ärztlichen Tätigkeit liegen zwei
persönliche Schilderungen vor, die auszugsweise wiedergegeben
werden.
Unter der Überschrift "Sozialismus der Tat"[1] berichtete Johannes Lorenzen aus seiner Kindheit von dem Auftreten der Diphtherie in List während des Winters 1887/88 (s. Anhang, S.95-97).
Sehr eindringlich beschreibt der Autor die existentielle Bedroh-
lichkeit dieser heute nur noch selten auftretenden epidemischen
Erkrankung in dem kleinen Dorf List im Norden Sylts. Es wird
die Hilflosigkeit der Medizin gegen bakterielle Infektionen zu
jener Zeit ebenso vor Augen geführt wie der große persönliche
Einsatz des Landschaftsarztes Dr. Nicolas, der bis an die Gren-
ze seiner körperlichen Belastbarkeit ging. Lorenzen hebt hervor, daß die Inanspruchnahme ärztlicher Hilfe durchaus auch
ein finanzielles Problem war, auf Sylt vornehmlich in List,
welches als ehemalige dänische Enklave auch unter preußischer
Herrschaft einen verwaltungsrechtlichen Sonderstatus behalten

1 Sylter Inselnachrichten v. 1.11.1937 - das entsprechende
  zeitliche Umfeld sollte berücksichtigt werden.

hatte. Deshalb durfte dort der Landschaftsarzt im Gegensatz
zur Landschaft Sylt Meilen- und Diätengelder berechnen, so daß
für die Einwohner von List die Vorteile der Institution Landschaftsarzt keine Gültigkeit besaßen.
Der Nachruf von Carl Meyer zum Tode von Dr. Nicolas am 31.10.
1919 würdigte ihn als Arzt und Mensch. Carl Meyer kannte Dr.
Nicolas aus der eigenen Jugendzeit in Keitum und hatte ihm
dort in den ersten Jahren seiner Tätigkeit bei Heilbehandlun-
gen und Operationen geholfen. Über seine chirurgischen Fähigkeiten führt er aus:

> "Bei aller Energie war Dr. Nicolas schon damals ein vor-
> sichtiger Arzt, und ich erinnere, daß er sich zu schweren
> Operationen stundenlang theoretisch vorbereitete, um auf
> alle Zwischenfälle gerüstet zu sein. Wenn angängig oder
> erforderlich, zog er den Kreisarzt Dr. Horn und eine
> Schwester aus Tondern hinzu. Welche unschätzbaren Dienste
> er der Sylter Bevölkerung damals leistete kann nur der
> ermessen, der weiß wie schwierig und meist unmöglich der
> Transport von Schwerkranken nach dem Festland bei den da-
> maligen kümmerlichen Verkehrsmitteln war. So hat er vie-
> len das Leben gerettet" (Nachruf - SyA-LA, dat. 3.11.1919).

Zugleich tritt in dem Nachruf das Bild des Landschaftsarztes
anschaulich vor Augen:

> "Wie jeder Arzt so hatte auch Dr. Nicolas einmal einen
> Mißerfolg. In solchen Fällen kam ein tiefer Ernst über
> ihn, der den sonst so lebensbejahenden Manne im Banne
> hielt. Er war dann schweigsam ohne unfreundlich zu sein.
> Im Haus des Arztes hörte ich Manches, was nicht für drau-
> ßen war. Nur eine Erinnerung sei hier wiedergegeben. Vor
> seiner Niederlassung auf Sylt hatte die früh verstorbene
> Schwester von Dr. Nicolas ihm auf ihrem Sterbebette das
> Versprechen abgenommen, als Arzt bei armen Leuten, kein
> hohes Honorar zu berechnen. Dieses Versprechen hat er
> treulichst gehalten. Es wäre auch kaum nötig gewesen,
> denn sein stets lebendiges Mitgefühl mit den Kranken ver-
> bot ihm das von selbst.
> Schon während seiner Tätigkeit als Landschaftsarzt hielt
> Dr. Nicolas Sprechstunden für Badegäste in Westerland ab.
> Sylt hatte damals ein ausgesucht vornehmes Kurpublikum
> und der Verkehr mit demselben gab dem jungen Arzte reiche
> geistige Anregung. Seine Praxis in Westerland nahm so zu,
> daß er sich schließlich aus rein beruflichen Gründen ge-
> nötigt sah, ganz nach hier überzusiedeln. (...)" (SyA-LA,
> dat. 3.11.1919).

Der Übersiedlung von Dr. Nicolas 1892 nach Westerland ging vor-
aus, daß seine fünfjährige Vertragszeit als Landschaftsarzt

abgelaufen war. Die Landesgevollmächtigten vereinbarten mit
Dr. Nicolas eine Verlängerung der bestehenden Abmachungen auf
weitere 20 Jahre bis 1910.
Der von beiden Parteien unterschriebene Vertrag wurde wie üb-
lich und vorgesehen beim Regierungspräsidenten in Kiel zur
notwendigen Approbation eingereicht. Aber die Antwort war abschlägig. Der Regierungspräsident hatte

> "sich nicht bewogen gefunden, in Rücksicht auf die angehen-
> de Auflösung der Landschaft, sowie in Berücksichtigung
> des Umstandes, daß die Insel voraussichtlich nicht mehr
> ärztlicher Hülfe nothleiden werde, den vorgelegten mit
> Dr.med. Nicolas als Landschaftsarzt für Sylt vom 25.März
> d.J. abgeschlossenen Contract zu bestätigen" (SyA-LA, dat.
> 17.8.1890).

Deutlicher formulierte es der Regierungsmedizinalrat für die
Provinz Schleswig-Holstein Dr. Bockendahl: "Die Stelle des
Landschaftsarztes auf Sylt wurde, nachdem auf Sylt mehrere
Ärzte ihren ständigen Wohnsitz haben, im Jahre 1890 eingezo-
gen" (Bockendahl 1893, S.141).
1890 waren auf Sylt ganzjährig Dr. Nicolas und Dr. Witt in
Keitum sowie neu hinzugekommen Dr. Wegele in Westerland tätig.
1891 ließen sich zusätzlich Dr. Lahusen und Dr. Schollenbruch
in Westerland nieder (vgl. Bockendahl 1893, S.145).
Der Fremdenverkehr war zum bestimmenden Faktor nicht nur in
medizinischer Hinsicht geworden. Westerland löste Keitum als
Zentralort ab und wurde zunehmend zum aufstrebenden Mittelpunkt
der Insel (vgl. auch Voigt/Wedemeyer 1980, S.72f.).
Die Inselapotheke siedelte 1892, nachdem man schon ab 1888 während der Badezeit eine Filiale in Westerland betrieben hatte,
ganz in den Westen der Insel um (vgl. Bockendahl 1889, S.171;
Kardel 1952, S.264). Auch Dr. Nicolas vollzog diesen Schritt.
Vorher hatte er dort schon regelmäßig in der Saison Sprechstunden abgehalten.
Im Jahre 1895 hatte das Dorf Westerland mit finanzieller Unterstützung des Kreises Tondern ein Gemeindekrankenhaus, das spä-
tere Städtische Krankenhaus, erbaut (vgl. LAS-Abt.320 Nr.61).
    Durch das Amt des Landschaftsarztes, diese relativ früh
geschaffene feste Einrichtung der kommunalen Gesundheitsvor-
sorge, hatten die Einwohner der Insel über 100 Jahre lang die

Der Badearzt, Herr Dr. Lahusen,

wird gleich nach den Pfingstfeiertagen hier eintreffen und seine Function übernehmen.

Der Badearzt, Herr Dr. Nicolas,

Landschaftsarzt auf Sylt, hält vom 15. Juni ab seine regelmäßigen täglichen Sprechstunden in Westerland ab.

Abb.7 aus Sylter Kurzeitung v. 10.6.1886

Empfehle mein neuerbautes und mit Logier-Zimmern eingerichtetes „Hotel" auf Lift

„Königshafen-Halle"

Essen zu jeder Tageszeit. — Frische Seefische und gute Weine garantirt. — Lustsegler stehen jeder Zeit zur Verfügung. — Gebadet wird am Ost- und Weststrande.
Hochachtungsvoll H. P. Hansen.

Dr. Lahusen, I. Badearzt.

Sprechstunden: 9—11 Uhr Vorm. in der Wohnung,
Strandstraße 11.
12—1 „ „ am Strande.
5—6 Uhr in der Wohnung, 6—7 Uhr am Strande.
(Sonntags fallen die Nachmittagssprechstunden aus.)

Meine Sprechstunden finden täglich von 9 bis 11 Uhr Vormittags und 5 bis 6 Uhr Nachmittags in meiner Wohnung, im Hause der Frau Sanitätsräthin Dr. Marcus, statt.

Dr. Nicolas, Badearzt.

Dr. Zelle, Badearzt.

Sprechstunden im alten Warmbadehause an der Strandpassage.
Wochentags: 9—10 Vorm. und ½4—½5 Nachm.
Sonntags: 9—10
Wohnung: Paulstraße Nr. 10.

Zahntechniker C. Matthiesen

anwesend jeden Dienstag im Hotel Victoria.

Die Anstalt für Heilgymnastik, Orthopädie und Massage im neuen Warmbadehause, mechanische und manuelle Behandlung ist täglich geöffnet für Herren von 7—10 Uhr, für Damen von 10—12 Uhr, für Kinder von 5—6 Uhr.
Die P. T. Badegäste werden zur gefl. Besichtigung der Anstalt von 4—5 Uhr eingeladen.
Overbom.

Abb.8
aus Sylter Kurzeitung
v. 3.8.1889

ärztliche Versorgung sichergestellt. Mit dem nahen Ende der
Selbstverwaltung hörte die Institution des Landschaftsarztes
auf zu bestehen, die der Grundpfeiler der ärztlichen Versorgung
gewesen war. Auch endgültig wurde das Kollegium der Landesgevollmächtigten am 1.4.1897 infolge der Kreisordnung von 1888
aufgelöst (vgl. Andresen 1933, S.28).
Die finanziellen Belastungen, die durch Krankheit hervorgerufen werden konnten, waren zumindest zu Teilen von allen Einwohnern je nach ihrem kommunalen Steueraufkommen übernommen
worden, für die Armenkranken sogar in vollem Umfang. Dieses
war ermöglicht worden durch ein hochentwickeltes gemeinschaft-
liches Verantwortungsgefühl. Durch die gesetzliche Verankerung
des Krankenkassenwesens im gesamten Deutschen Reich trat zunehmend staatliche Fürsorgepflicht an die Stelle der kommunalen Verantwortung.

6. Zusammenfassung

Die ärztliche Versorgung der nordfriesischen Insel Sylt kann
zurückverfolgt werden bis zum Jahre 1600. Sie wurde bis 1786
von Chirurgen und Barbieren getragen. Von da an begann nach
der eher ungeregelten und auch nur lückenhaft bekannten medizinischen Betreuung der Sylter Einwohner die Epoche der Landschaftsärzte, welche eine qualitative Verbesserung brachten.
Erste Ansätze zu einer kontinuierlichen ärztlichen Versorgung
der Bevölkerung sind schon vor 1786 zu erkennen. Rechtliche
Grundlage für die Anstellung von insgesamt sieben Landschaftsärzten war eine Königliche Resolution aus dem Jahre 1792, die
nach Beendigung der dänischen Herrschaft im Herzogtum Schleswig auch in preußischer Zeit bis 1890 Gültigkeit behielt. Die
als kommunale Beamte angestellten Landschaftsärzte waren Vertragsbedingungen unterworfen, die auf die Verhältnisse und Bedürfnisse der wesentlich durch die Seefahrt geprägten Insel
zugeschnitten waren. Relativ früh hatte Sylt im Vergleich zu
weiten Teilen der Herzogtümer Schleswig und Holstein eine kontinuierliche ärztliche Versorgung. Das Zustandekommen dieser
Kontinuität kann als Leistung der kommunalen Selbstverwaltung
gewertet werden.
Das Leben und Werk der Sylter Landschaftsärzte, denen mit der
Zeit zunehmend amtsärztliche Funktionen übertragen wurden, ist
eng verknüpft mit wechselvollen politischen Entwicklungen in
Schleswig-Holstein. Die Ärzte standen zeitweise im Brennpunkt
der nationalen Auseinandersetzungen des 19.Jahrhunderts.
    Der Beginn des Fremdenverkehrs 1855 und der damit verbun-
dene Strukturwandel der Insel führten 1890, kurz vor Auflösung
der althergebrachten Selbstverwaltung durch die preußische
Regierung, auch zum Ende der Institution des Landschaftsarztes.

7. Anhang

7.1. Liste der urkundlich erwähnten und namentlich bekannten
Barbiere und Chirurgen auf Sylt von 1600 bis 1786

Die Zusammenstellung erfolgte aufgrund archivalischer Nachforschungen von Herrn Dechant Peter Schmidt-Eppendorf, Nordstrand
(Mat.Slg. Schmidt-Eppendorf). Die Unterlagen befinden sich im
Besitz der Familie Dr. Thies Clemenz, Keitum. Die Angaben, die
mit entsprechenden Quellenangaben versehen sind, entstammen
umfangreichen Nachforschungen in Kirchenbüchern der Gemeinden
Morsum, Keitum und Westerland, namentlich Kopulations- und
Totenregistern, in Bruch-, Sentenzen- und Dingfellungsregi-
stern, Bauerschaftsprotokollen, Unterlagen der Sylter Land-
rechnung sowie Schuld- und Pfandprotokollen des Sylter Archivs
und des Landesarchivs Schleswig-Holstein. Häufig liegen über
die Barbiere und Chirurgen nur Namensnennungen, selten dagegen
Relevantes über die Art und die Dauer ihrer Tätigkeit auf Sylt
vor. Der Zeitraum ihres Wirkens ist nur in wenigen Fällen genauer zu ermitteln. Bei den angegebenen Jahreszahlen bezeichnen die einzelnen Zahlen das Jahr der urkundlichen Erwähnung.
Nur in einigen Fällen ist der Zeitraum einer zusammenhängenden
ärztlichen Tätigkeit genauer zu ermitteln. Zu berücksichtigen
ist die Tatsache, daß auch die Wundärzte wie die Mehrzahl der
übrigen Inselbevölkerung häufig zwischenzeitlich zur See fuhren.

Hans Detlefsen	ab 1600
Hans Bartscher (vermutlich identisch mit Hans Detlefsen)	1619, 1622
Hans Bartscher	1617, 1626
Paul Barbierer	1641
Hinrich Hansen Hagge	1641 - 1685
Johannes Cruppius	1702
Friedrich Cruppius	vor 1720
Joachim Cruppius	1732
Jacob Windt	1727 - 1749
Conrad Hinrich Bauch	1737 - 1748

Jacob Lorentzen	1749 - 1752
Georg Michael Hogenkamp	1748 - 1761
Doctor Richard Flor	1763
Ulrich Christian Fick	1764 - 1770
Johann Christian Huhnmürder	1770 - 1775
Meister Hockmeyer (Arzt ?)	1775
Carl Wilhelm Plötzius	1774 - 1775
Steffen Conrad Lüders	1781 - 1795

Die Liste ist noch zu ergänzen um den "Operator" Johann Georg
Heycke 1731 (mitgeteilt von Dr. Erich Voß, Lübeck).

7.2. Neben den Landschaftsärzten auf Sylt tätige Ärzte mit Wohnsitz auf Sylt bis 1890

Cand. med. et chir. Peter Saxild	1838 - 1847
Cand. med. et chir. Ludvig Philipp	1852
Dr. med. et chir. Ludwig Otto Jenner	1858 - 1871
Dr. med. et chir. Julius Witt	1871 - 1875, ab 1881
Dr. med. C. Wegele	ab 1890

7.3. Badeärzte im Westerländer Bad von 1855 bis 1890

Zusammengestellt nach folgenden Quellen:
Alberti 1885, S.9; Bockendahl 1887, 1889, 1893; LAS - Abt.42
Nr.48 u. Nr.119; Rigsarkivet Kopenhagen 1A 516/1863 (Kopien
SyA); SyA-LA; Sylter Kurzeitung 1886 - 1890.

Cand. med. et chir. Simon Levin	1855 - 1860
Dr. med. et chir. Andreas L.O. Jenner	1858 - 1871
Cand. med. et chir. Carl H.V. Carstens	1860 - 1863
Dr. med. et chir. August F. Dittmann	1863 - (1864)
Dr. med. Moritz Marcus	1873 - 1885
Dr. med. Lahusen	1884 - 1889
Dr. med. Paul H.J. Nicolas	ab 1885
Dr. med. Zelle	1889
Dr. med. Danckert	1890
Dr. med. C. Wegele	ab 1890

7.4. Begnadigungsbrief des Meisters Claus Andersen Balbierer
in Tondern (1600)

"Bekenne Jch, Diettrich Blome, ambtmhan auff Tunderen,
Nachdeme befindtlich, das im Ambte vnd auff den Car-
spellen alhie hin vnd wieder sich allerhandt oldflicker
vnd flickersche, so das Balbiersambt nich recht gelernet,
auch gantz vnd ghar dazu vnduchtich oder vngeschicket,
nicht alleine alte gebresten vnd schaden, besondern
Schlege vnd Wunden zu heilen sich gelüsten laßen, wor-
durch danne nicht alleine viele so sonsten wol ohne gefahr, dennoch offtmals vorabseumet vnd in euserste nodt
gesetzet, die jenigen aber, so sie bescheidiget vnuer-
schuldeter sachen zur straffe gezogen, besondern auch
Fürstl. Gnaden brüche wegen vielfeltiger Schlege vnd
Wunden vnaufhoerlich vorschwiegen vnd vnthergeschlagen
werden, Daherr Jch vorursachet, in den negestbenachbar-
ten harden, alse Hoier-, Tunder-, Widingh-, Slux- vnd
Karharde so weit sich Lügum, Ladelundt, Medelbuy, Carlum,
Klixbüll, Leck vnd Braderup Carspell erstrecken, einen
gesworenen oder beeidigten Balberen(: jedoch solange
F. G.) solches gefellig :) alse Meister Claues Andersen
Balbierer zu Tundern zu bestetigen. Wie denne im Namen
vnd von wegen M. G. F. vnd Herrn) crafft dieses Jch ihm
hiemit folgender Weise vnd maße darzu bestetige vnd con-
stituire, also das er in verbenomten Harden vnd Carspel-
len so offte jemandt beschediget vnd vorwundet wird,
allemal den Ersten bandt haben soll, mit fleiße die Wunden besichtige, den Underscheid derselben, was gefhar
oder keine gefharwunden sein, justiciere, die theter er-
kundige vnd dauon allewege richtige Vorzeichenuße neben
dem Vogte jedes Caspels halte, damit die gewundeten
vnuorseumet, auch F. G.) brüche in geburlicher acht gehalten werden moege. Derowegen ich auch allen vnd jeden
Balbieren oder Flickern in obenbenanten berieke hiemitt
ernstlich will bei Leibesstrafe auferlecht haben, das
sie sich, wie geringe die schaden auch sein, des Vorbin-
dens vnd Curirens gentzlich enthalten, bis solange ge-
dachten Meister Claues darzu gefurdert, die scheden be-
sichtiget, den Ersten bandt gethan vnd sein anbefholen
ambt berorter maßen mit bestande vorrichtet, vnd da es
je die gefhar vnd nodt erfurderde, das der schade vor-
bunden vnd blutendes oder andere Vrsachen halber in acht
genommen vnd keines Vorzuges leiden wollen, das dennest
gleichseer vnd nicht desto weiniger nach diesem Meister
in Continenti geschicket, kein Balbirer auch bey Vermei-
dungh angezogener straffe weiter nicht vorbinde oder den
bandt, so gebunden, loese, es keme denne der vervrdente
Meister dazu vnd vorrichte dasjenige, was ihnen ambesha-
luen gebuere, Wornach sich nicht alleine berorte Personen,
besondere alle gemeine Einwohner bemelter Carspelle vnd
Harden in Vormeidung F. G.) höchste straffe vnd Vngnade
zu richten vnd Jch thu mich ambtshalber dazu vorlaßen.
Actum Tundern den 3. Aprilis Anno 1600."
(Zit. nach Andresen 1943, S.13f. /dort leider ohne Quel-
lenangabe7)

7.5. Privilegium privativum für den Chirurgum Jacob Lorentzen zu Treibung der Chirurgie auf der Insul Sylt (1750)

"Wir Friderich der fünfte von Gottes Gnaden, König zu
Dännemark, Norwegen, der Wenden und Gothen, Hertzog zu
Schleswig, Hollstein, Stormarn, und der Ditmarschen,
Graff zu Oldenburg und Dellmenhorst p.p. Thun Kund hiemit daß Uns Unser Unterthan der Chirurgus Jacob Lorentzen,
auf unserer Insul Sylt allerunterthänigst vorstellen lassen, welchergestallt ihm von Herumläufern, die unter den
Nahmen von Chirurgis auf der Insul ankommen großer Abbruch
geschehe; mit allergehorsahmster Bitte, Wir geruheten ihm
Unser Allerhöchstes Privilegium auf die alleinige Treibung der Chirurgie daselbst zu ertheilen. Wann Wir dann
solchem allergehorsahmsten Gesuch in Königl. Gnaden Statt
gegeben als priviligiren Wir dem Supplicanten, hiemit und
Kraft dieses dergestalt und also, daß er auf unserer Insul
Sylt, seine erlernte Kunst, mit Barbieren, Aderlaßen, und
Verrichtung allerhand chirurgischer Curen und operationen
privative zu treiben, und sich solcher gestallt ehrlich
und redlich zu ernähren befugt seyn solle. Jedoch bleibet
einem jeden Einwohner auf der Insul Sylt unbenommen in
vorfallenden Curen einen andern geschickten Chirurgum zu
verschreiben, und zu gebrauchen. Dahingegen soll der Supp-
licant schuldig und gehalten seyn, den Reichen so wohl als
den Armen, welche seiner Hülfe begehren möchten ohne Un-
terscheid bey Tage und Nacht, seinem besten Wißen und Gewißen nach, getreulich und mit aller Sorgfalt zu dienen,
seine Patienten, bey Verlust dieses privilegii, durch
Nachlässigkeit, oder durch unordentliches und unmäßiges
Leben nicht zu versäumen, und für die verrichtete Cur
nichts mehr zu nehmen oder zu verlangen, als was verordnet, billig und der Gewohnheit des Orts gemäß ist, auch
seine Rechnungen, wann sie den Einwohnern zu hoch schei-
nen möchten durch den p.t. Ambts-physicum moderiren zu
laßen. Ferner soll er unsere bereits emanirten oder künftig zu emanirenden Medicinal-Ordnungen, in so weit selbige die Pflichten und das Verhalten eines Chirurgi be-
treffen und in sich fassen, jederzeit in seinen Handlun-
gen sich gemäß bezeigen, die jenigen Fälle, wobey unser
Interesse ratione der Brüche concurriret genau observiren,
und gehörigen Orts getreulich angeben, auch überhaubt
sich solcher gestallt comportiren, wie es einem gewißen-
haften Chirurgo gebühret und sein abgestatteter Eyd es
erfordert. Wir aber wollen ihn bey diesen Unsern privile-
gio Königl. schützen und handhaben. Wornach sich männig-
lich allerunterthänigst zu achten.
Urkundlich unter Unserm Königl. Handzeichen und vorge-
druckten Insiegel. Gegeben auf Unserer Königl. Residenz
Christiansburg zu Copenhagen ad 19. octobris, 1750.

Friedrich R."

(Aus: LAS - Abt. 65.2 Nr.1807)

7.6. Zeugnisse zu medizinischen Leistungen des Chirurgen Hogenkamp (1751)

1   "Ich endes benanter Attestire hiemit das ich vorigen
    Sommer mein Linker Bein gebrochen gehabt, wozu ich den
    Wundartzt Georg Michael Hogenkamp gebraucht habe, wel-
    cher mich gut und wohl bedienet, das ich nicht anders
    sagen kan, als das ich meine Gesundheit nebst Gott ihm
    zu danken habe, und meine Arbeit ohn allen Hinder/niß/
    verrichten kann, Zu mehrerer bekräftigung habe dieses
    mit eigenen Händen unter Zeichnet.

    Keitum auf der Insul Sylt 1751 d. 8 Maj   Hansz Knutsen"

2   "Ich unter geschriebene bescheinige hiemit, das meine
    Tochter einen Krebsschaden an der unter Lippe gehabt,
    da Sie vorh/e/ro zwar vielen Rath gesuchet jedoch alle-
    zeit Hülflos geblieben, biß der Meister Hogenkamp ihr
    solchen ausgeschnitten, das sie also Gottlob schon an-
    derthalb Jahr ist Curiret gewesen, solches habe ich zu
    mehrerer bekräftigung bey meinen Nahmen ein Creutzzug
    gemacht.

    Keitum auf Silt   Moicken Larenschens"
    Anno 1751, den 13 Maj   +

3   "Daß ich bey Bauung meines Hausses, oben von der Stellase
    herunter zu fallen das Schulterbein in Stücken krigte,
    und also einen Meister suchen müste, so habe den Chirur-
    gum nahmens Hogenkamp dazu genommen, welcher mich auch
    fleißig und getreu bedienet und verbunden, das ich gott
    Lob guth bin Curiret worden, eine zeitlang her nach hat
    meine Muter auch das Unglück gehabt ihren Arm oben bey
    der Schulter, aus dem gelenck zu fallen, wobey gleich-
    falls oberwehnten Hogenkamp zu geholt habe, Welcher Ihren
    Arm wieder im gelenck gebracht, daß sie nunmehro schon
    vor langer Zeit ihre arbeit ohne hinderniß hat verrich-
    ten können, Daß solches der Wahrheit gemäs habe mit unter
    Schreibung meines eigenen Nahmens auf Verlangen des Mei-
    sters, bekräftigen wollen.

    Argsum auf der Insul Sylt 1751 d. 6 Maj   Jens Mahnsen"

4   "Daß Karren Peters ihr Linker Beyn zerbrachen, wobey eyne
    Wunde, da der Knochen herauß stach, da sie eins Wundartzt
    Vonnöthen so ist der Meister Georg Michael Hogenkamp dazu
    geholt, welcher ihr auch Getreu und fleißig bedient, alle
    Tage nach ihr gesehen und da er in Keitum und die Patien-
    tin in Wenningstedt; welches für Stunde gehens, so hat
    ihm da es doch im Winter schwer, kein Wetter abgehalten,
    sondern ist allezeit Nüchtern und Meßig bey ihr gekomm,
    und ihr unter Gottes Segen zur Volligen Gesundheit Ver-

holfen, daß sie gantz wohl mit ihm zu frieden und auch
noch hertzlich dankbahr davor ist, welches ich unter geschriebener selbst mit bey gewohnt, und also mit unter
Zeugnung meines Nahmens bekräftiget obenerwähnte Kareen
Peters aber wol selbst nicht Schreiben kan hat sie mit
ihrer Hand ein Kreutz dabey gezogen.

Wenningstedt d 30 April 1751
Auf der Insul Silt   Friedrich Andreßen   + "

5   "Da meine schwester verwichenen Sommer den oder wie sie
    sagen den /unleserlich7 in ihrem rechten Daum bekam worin
    selbige grausahme schmertzen ausgestanden, daß sie allso
    genöthiget Einem Artz zu suchen da dan der Chirurgus Hoogen
    Camp ihr bedienet, so daß sie nicht anders sagen kan, als
    das sie gut und Völlig von ihm ist Coruret worden, wo vor
    sie ihm noch Zum höchsten dank bahr ist solches habe ich
    als ihrem bruder hiermit bescheinen wollen.

    tinnem auf Silt den 11.May 1751   Meyndert Jansz"

6   "Da ich daß Unglück gehabt, unter die Pferde zu kommen,
    welche mir an meinem Leibe übel zu gerichtet, und mein
    linker Bein den Knochen samt das Fleisch gantz zerquetzt,
    daß ich mußte einen Artzt suchen, da den der Meister
    Georg Michael Hogenkamp mir bedint, das ich nicht anders
    zeugen kan, als das er mir mit allen Fleiß aufgewartet,
    und ich also schon wol eine Jahreszeit völlig curirt bin
    gewesen, davor ich ihm noch vielmahls danke, solches habe
    mit unter schreibung meines eignen Nahmeens bekräftigen
    wollen.

    Bradrup auf der Insul Silt Anno 1751
    d 24 Apr.   Freyda /Patt ?7"

7   "Das ich unter geschriebener mit einen offenen Krebse an
    der unter Lippe lange plagt worden bin wo vor auch vielen
    Rath gesuchet aber Allezeit Hölflos geblieben bis der
    Chirurgus Georg Michael Hogenkamp mir solchen ausgeschnit-
    ten und mit nadelen wieder zu sammen geheftet das ich also
    Gott lobe seit verwichenen früh Jahr schon wieder vollig
    genesen gewesen bin wo vor obgenanten Chirurgus noch
    Hertzlich Danke und selben ferner Gelück in allen seinen
    verrichtungen wünsche.

    Braderop auf der Insel Silt Den 20 Aper. Anno 1751

                                            Erick Oven"

(Aus: LAS - Abt. 65.2 Nr.1807)

7.7. Eid des Chirurgen Lorentzen vor dem Tonderner Physikus

"Extractus Protocolli de Dato Tondern den 18 Martz 1750

Zum heutigen termino hat der chirurgus Jacob Lorentzen
auf Sylt nachstehenden Eyd abgeleget.
Ich Jacob Lorentzen schwöre hiemit zu Gott dem Allmäch-
tigen unter wahrem Eyd, daß ich nach der allergnädigsten
medicinal ordnung bey meiner Kunst-Übung und Gebrauch der
Chirurgie in allen und jeden Puncten nach meinem Vermögen,
mich halten, nichts darwieder handeln, sondern alles, was
darinn verordnet nach jeden patienten Zustand und Anlei-
tung der Chirurgie vielmehr thun und verrichten will,
wie ich es gegen Gott, der Obrigkeit und (Männigl.) zu
verantworten getraue auch einem ehrlichen und aufrichti-
gen Chirurgo zukömt und Amtshalber zu thun schuldig bin;
und da auf Sylt kein medicus vorhanden noch leicht zu erlangen, demnach auch die Versorgung der Kranken auf mich
fällt, so gelobe ich, daß· ich denselben nach meinem Besten
Wissen und Gewißen rathen, auch gute und dienliche und
sichere medicamenta reichen wolle, in schwähren gefährlichen und meinem Verstand und Erfahrung übersteigenden
Krankheiten aber mir nicht zu viel beymessen, sondern die-
selben bey Zeiten von dem nächsten und Besten medicum
verweißen, oder doch mit dem Physico darüber conferiren,
und ohne dessen Vorwissen keine starke Artzney, zum pur-
giren, vomiren, das gebluth zu treiben, opiata und grobe
Salivationes verordnen sondern selbige sorgfältig ver-
meiden wolle. So wahr mir Gott helfe durch seinen Sohn
Jesum Christum."
(Aus: LAS - Abt. 65.2 Nr.1807)

7.8. Examenszeugnis des Chirurgen Hogenkamp

"Wann Mr. Georg Michel Hogenkamp sich nach der Königlichen
Verordnung bey mir Zum examine eingefunden, so habe derselben in Beyseyn des /unleserlich/ und des Chirurgi Klee
examiniret, und befunden, daß da er keine Gelegenheit gehabt, Anatomische Collegia zu hören, er von der Anatomie
und den höhern chirurgischen operationibus wenigen Begriff
habe, worin er sich aber nach aller Möglichkeit zu per-
fectioniren versprochen hat, hingegen in ordinairen chirurgischen curen habe ich so viel Einsicht bey ihm gefunden, daß ihm die praxis chirurgica auf dem Lande wohl Zu-
gelassen werden könne.

Tondern d 26 Apr 1751   J. Fabricius Med
                               Licentiat und Physicus"

(Aus: LAS - Abt. 65.2 Nr.1807)

7.9. Vertrag des Landschaftsarztes Dr. Nicolas 1885

"Zwischen dem Collegium der Landesgevollmächtigten einerseits und dem Dr. med. Paul Nicolas, bisheriger Assistenz-
arzt am städtischen Krankenhause zu Frankfurt a.M. andrer-
seits, ist nachfolgender Contract verabredet und geschlossen worden.

§ 1 Der practicirende Arzt Dr. med. Nicolas übernimmt
die Stelle des Landschaftsarztes auf Sylt, vom 26ten Mai
1885 angerechnet, unter folgenden Bedingungen.

§ 2 Die Landschaft verpflichtet sich auf die Dauer von
fünf Jahren den Dr. med. Nicolas als Landschaftsarzt zu
salariren, dagegen steht es dem Landschaftsarzt frei zu
jeder Zeit nach vorgängiger halbjährlicher Kündigung den
Contract zu lösen.

§ 3 Der Landschaftsarzt ist verpflichtet, seinen Wohnsitz
in Keitum zu nehmen, und darf derselbe von der Insel auf
länger als auf die Dauer einer Woche nicht verreisen.
Eintretenden Falles hat er, nach Benehmen mit der Könìg-
lichen Landvogtei, auf seine Kosten einen Stellvertreter
zu beschaffen und für rechtzeitige, vorgängige Bekannt-
machung in den Gemeinden des Districtes zu sorgen.

§ 4 Der Landschaftsarzt ist verpflichtet, die Behandlung aller Patienten auf der Insel Sylt, welche seiner
Hülfe begehren, zu übernehmen und darf, da ihm von der
Landschaft als Compensation eine im § 6 dieses Contrac-
tes fest stipulirte Entschädigungssumme gezahlt wird,
für seine Reisen nach den Außendörfer, exclus. List, also
nach Morsum, Archsum, Tinnum, Westerland, Rantum und Nord-
dörfer, weder Fuhrkosten noch Meilengelder für verwendete
Zeit, auch keine Diäten, sondern lediglich die Gebühren
für die ärztlichen Besuche und Recepte in Rechnung stellen. Es sind demnach jene Dörfer für ihn als Theile seines Wohnortes zu betrachten.
Ausgenommen von dieser Bestimmung sind alle auf der Insel
sich aufhaltenden Kurgäste und auswärts beheimathete
Durchreisende.

§ 5 Der Landschaftsarzt ist, wenn er von der Königlichen
Landvogtei requirirt wird, zu allen staatsärztlichen Leistungen verpflichtet, speciell zur ersten Constatirung
ansteckender Krankheiten, für welche die Staatskasse gesetzlich die Kosten zu tragen hat.
Im Interesse des Dienstes erforderliche ärztliche Untersuchungen an Königlichen und Kaiserlichen Beamten, sowie
an Gefangenen auf dem Transport hat der Landschaftsarzt
unentgeldlich auszuführen, auch die bezüglichen Atteste
in gleicher Weise auszustellen.
Ferner hat der Landschaftsarzt der ihm vorgesetzten Com-
munalbehörde periodische Berichte über Zahl und Art der
von ihm behandelten Krankheitsfälle zu erstellen.
Die Insel Sylt, mit Ausnahme von List, ist als ein Wohnort anzusehen.

§ 6 Dem Landschaftsarzt Dr. med. Nicolas wird gegen der
Ihm im vorstehenden §§ auferlegten Verpflichtungen und
Leistungen von der Landschaft Sylt ein jährliches festes
Gehalt, resp. Dienstaufwandsentschädigung von zusammen
Ein Tausend und Acht Hundert Mark welche in vierteljähr-
lichen Raten postnummerando bei dem jedesmaligen Rech-
nungsführer der Sylter Anlagekasse von ihm zu heben sind,
zugesichert.

§ 7 Andere als in diesem Contracte zugesicherte Rechte
stehen dem Landschaftsarzt Dr. med. Nicolas nicht zu.

§ 8 Dieser Contract ist unter Vorbehalt seiner Approbation, in zwei gleichlautenden Exemplaren ausgefertigt und
von den Contrahenten zum Zeichen der Anerkennung unter-
schriftlich vollzogen.

So geschehen im versammelten Collegium der Landesgevollmächtigten zu Keitum den 10. Juli 1885

.   (Unterschriften) "

(Aus: SyA-LA)

7.10. Bericht über eine Diphtherieepidemie in List 1887/1888[1]

"Am schönsten zeigte sich der Gemeinsinn und die Hilfsbereitschaft der Dorfbewohner in den Fällen von Krankheiten
und namentlich bei Wochenbetten. Da wetteiferten alle
Frauen des Dorfes in Dienstleistungen und Zutragen von
bekömmlichen Gerichten für die Wöchnerin und die Familie.
Es war rührlich, wie die Nachbarn sich für das Hauswesen
und für das Wohlbefinden und die Wartung der Wöchnerin
sorgten, bis sie wieder so kräftig und gesund war, daß
sie ihren Haushalt selbst in Ordnung halten konnte. Denn
die Männer mußten täglich ihrer Arbeit nachgehen und verlangten ebenfalls ihre Betreuung, die in solchen Fällen
nie vernachlässigt wurde. Im Gegenteil, für manche Frau
war die Kindbettzeit die einzige Ruhe- und Erholungszeit
in ihrem täglichen Lebenskampf, die sie wie in einem wun-
derbaren Traum genoß und auskostete.
Die Hebamme mußte stets aus dem 4 Stunden entfernten
K e i t u m und der Arzt aus W e s t e r l a n d geholt werden. Was das zu den damaligen Zeiten bedeutete,
als die Wege noch nicht gepflastert und keine Bahnverbin-
dung vorhanden war, kann sich heute keiner vorstellen.
Die aus der Notgemeinschaft geborene Hilfsbereitschaft und
Opferfreudigkeit der L i s t e r und der seltene Sozialismus der Tat eines Arztes zeigte sich in vorbildlicher
Weise in dem schweren Winter der Jahre 1888/89, als trotz
starker Kälte und großer Schneemassen im Dezembermonat in
einer Bauern- und einer Beamtenfamilie der Würgeengel der
Kinder, die furchtbare Diphtheritis, auftrat und leider
zu spät erkannt wurde. In dem Beamtenhause, wo 5 Kinder
waren, erkrankten die 9jährige Tochter und der 4jährige
Sohn an Mums, wie die starke Gesichtsanschwellung damals

1 Rückerinnerung aus dem Jahre 1937 (!)

genannt wurde. Sie wurden zu Bett gepackt und erhielten
einen warmen Kopfumschlag. Sie konnten essen und klagten
auch nicht über Schmerzen. Als die besorgte Mutter abends
nach den Kranken sehen will, stirbt das Mädchen beim Ein-
tritt der Mutter ins Schlafzimmer. Sofort wurde der Westerländer Badearzt Dr. N i c o l a s telefonisch angerufen.
Er war jedoch so stark in Anspruch genommen, daß er erst
am anderen Nachmittage um 5 Uhr, als inzwischen um 4 Uhr
auch der Knabe in den Armen seiner Mutter gestorben war,
auf seinem Islandponny im Dorfe eintraf.
Er stellte sofort Diphtherie fest und ordnete die Entfer-
nung und Unterbringung der übrigen Kinder bei Verwandten
im Dorfe an, um die Ansteckungsgefahr zu unterbinden. Die
in dem Hause gerade tätige Schneiderin aus Braderup mußte
bleiben, und die Bewohner wurden für die Dauer von 6 Wochen von jedem Verkehr mit der Außenwelt abgesperrt. In
der darauffolgenden Nacht klagte der mit seinem Bruder
beim Großvater schlafende Sohn dauernd über Zahnschmerzen,
und der am anderen Tage wiedergekommene Arzt stellte bei
ihm ebenfalls Diphtherie fest, worauf er in das Eltern-
haus zurückgebracht wurde. Das Pinseln mit Höllenstein im
Halse, was damals das einzige Mittel gegen Diphtherie war,
wehrte er stets mit allen Kräften ab. Unglücklicherweise
hatte er einige Tage vorher ein von seinem Vater von einem
Messingtürgriff abgefeiltes, weil hervorstehendes Schrau-
benstück, beim Spiel verschluckt, das wahrscheinlich eine
Vergiftung herbeigeführt hat. Jedenfalls starb er unter
furchtbaren Erstickungsanfällen an dem Tage der Beerdigung
seiner ihm vorangegangenen Geschwister, die unter sehr
schwierigen Umständen auf einem mit Stroh ausgefüllten
Kastenwagen stattfand, der sich unter unsäglichen Beschwerden der Pferde durch die von Schneemassen und Eisschollen
angefüllten Wege auf dem Wattenmeer seinen Weg zum Fried-
hof in Keitum bahnen mußte, von dem schwergeprüften Vater
gefolgt.
Inzwischen hatte die furchtbare Seuche auf einem Bauernhof
Einzug gehalten und zuerst ein Mädchen ergriffen, das
trotz aller ärztlichen Bemühungen dahingerafft wurde. Dann
erkrankte die Großmutter des Kindes und starb ebenfalls.
Die anderen beiden Kinder wurden ebenfalls angesteckt und
die Eltern folgten. Im Beamtenhause erkrankte die Mutter
nach dem Tode des zweiten Sohnes ebenfalls an Diphtherie,
die sie sich durch den Kuß ihres zuerst verstorbenen Sohnes
geholt hatte. Da mit dem Kommen des Arztes erst am späten
Nachmittag gerechnet werden konnte, entsann die kranke Frau
sich angesichts des durch die harten Schicksalsschläge fast
verzweifelten Mannes eines Pulvers, das sie von einem Arzt
in K o l l m a r erhalten hatte, um es bei auftretenden
Diphtherie-Fällen zu verwenden. Der Mann fand das Pulver
und gab ihr den Inhalt des Pakets in aufgelöstem Zustande
auf einmal ein, ohne die Gebrauchsanweisung zu beachten.
Dieses Pulver verursachte sofort ein derartig starkes und
andauerndes Erbrechen der Frau, daß sie oft dem Ersticken
nahe war. Nach zwei Stunden hörte es auf, und die aufge-
brochene fast schwarze Masse, die einen penetranten Geruch
verbreitete, füllte einen Eimer über die Hälfte. In diesem
Erschöpfungszustande fand sie der Arzt bei seinem Kommen

am Nachmittag und erklärte die Diphtheriegefahr für voll-
kommen beseitigt. Doch möchte er gerne das Pulver kennen
lernen, das diese Wirkung erzeugt hatte. Die Kranke bedür-
fe jetzt nur der Ruhe und guten Pflege. Den noch gesunden
Hausbewohnern empfahl er Inhalieren und begab sich dann zu
dem Bauernhause, wo er sein ganzes Können und seinen ganzen Menschen einsetzte, um die vier Erkrankten, die dauernd unter Erstickungsanfällen litten, durch Pinseln mit
Höllenstein und Auskratzen des Halses am Leben zu erhalten.
Während die gesunden Dorfbewohner in Hilfeleistungen für
die so schwer heimgesuchten Familien wetteiferten und keinen Mangel in diesen Häusern eintreten ließen, ritt der
Arzt trotz der Winterkälte und trotz Schneesturm, sowie
trotz der harten Anforderungen, die das Reiten durch die
Dünen und am vereisten Wattenmeer an Pferd und Reiter
stellte, tagtäglich den Weg von Westerland nach List hin
und zurück, gleichzeitig Botendienst durch das Besorgen
und Mitbringen der Medikamente und wichtiger Lebensmittel
ausübend. Während die Beamtenfamilie von weiteren Krank-
heitsfällen verschont blieb, gelang es der aufopfernden
Einsatzbereitschaft des Arztes, in wochenlangem Kampf
gegen die heimtückische Krankheit und durch dauernde Ueber-
wachung der erkrankten Bauernfamilie und restlosen Einsatz
seines ärztlichen Könnens, die Krisis zu überwinden und die
Lebensgefahr zu beseitigen. Dann tat die vorgeschriebene
gute Pflege und der gesunde Schlaf ein übriges, um die
vollständige Heilung zu beschleunigen. Die Strapazen der
wochenlangen Ritte in Wind und Wetter und durch die wege-
losen Dünen in Eis und Schnee warfen den Arzt infolge der
Ueberanspannung seiner Nerven auf ein langwieriges und
lebensbedrohendes Krankenlager, dessen Ueberwindung er nur
seinem kräftigen Körperbau und seiner starken Willens-
kraft zu verdanken hatte. Sein edles Menschentum, das kein
Opfer scheute, um die durch die furchtbare Krankheit be-
drohten Familien zu helfen und aufzurichten, zeigte sich
auch in der geringen Bemessung seines Honorars, sodaß sich
bei ihm der S o z i a l i s m u s   d e r   T a t in
der edelsten Form zeigte und ihm in den Herzen der von ihm
betreuten Familien ein bleibendes Denkmal der Verehrung
und Dankbarkeit errichtete. Er war und blieb zeitlebens
nicht allein der beliebteste Badearzt Westerlands, sondern
auch der gesuchteste und allgemein hochgeschätzte Arzt der
Inselbevölkerung."
(Auszug aus: "Sozialismus der Tat", Sylter Inselnachrichten v. 1.11.1937 - Verfasser Johannes Lorenzen)

7.11. Gedicht zum 25jährigen Jubiläum des Dienstantritts von
Landschaftsarzt Dr. Nicolas (1910)

Ein Hoch Herrn Dr. Nicolas

Prüfend mit gewicht'ger Miene,
Hier im Landschaftlichen Haus,
Suchten unsres Landes Väter,
Einen Landschaftsarzt sich aus.

Wer von Deutschlands klugen Ärzten,
Wär wohl passend für das Land,
Dass wir wohl Vertrauen könnten
Geben uns in seine Hand.

Wer will hier auf unserm Eiland,
Trotzen auch dem Sturmgebraus?
Dass er eilt, wenn ruft ein Kranker,
In die ärgste Nacht hinaus?

Wer wird willig mit uns teilen,
Freud und Leid hier an der See?
Wer wird unsre Wunden heilen,
Helfen uns in Leid und Weh?

So vor fünfundzwanzig Jahren,
Schaute das Kollegium,
Prüfend mit gewicht'ger Miene,
Nach dem neuen Arzt sich um.

Und da ward der Mann gefunden,
Der noch heute bei uns weilt,
Der geholfen Siechen, Wunden,
Der viel Kranke hat geheilt.

Aus dem Land der Gänsebrüste,
Von den fernen Pommern her,
Kam er hier an unsre Küste,
An das wilde weite Meer.

Heut nach fünfundzwanzig Jahren
Denken wir in Dankbarkeit,
Wie er kam zu uns gefahren,
Wie er stets war hilfsbereit.

Freunde laßt uns wacker bringen,
Ihm sein schäumend volles Glas,
Laßt ein kräftig Hoch erklingen
Unserm Doktor Nicolas.

Zitiert aus einer Festschrift: "Lieder für den Kommers zu
Ehren des Sanitätsrath Dr. Nicolas, des letzten Landschafts-
arztes der Insel Sylt, im Landschaftlichen Hause zu Keitum -
Zur Jubiläumsfeier am 25.Mai 1885-1910" (SyA-LA)

7.12. <u>Veröffentlichungen von Sylter Landschaftsärzten</u>

Die folgende Auswahl ist zusammengestellt nach Alberti 1867
u. 1868, 1885 u. 1886; Lübker/Schröder 1829 u. 1830 und bi-
bliographischen Nachforschungen. Von den Ärzten Buchholz,
Levin und Carstens konnten keine Veröffentlichungen ausfindig
gemacht werden.

Wülfke, Georg Nicolaus

- Inauguraldissertation: Commentatio inauguralis exhibens
  brevem de Hippocrate Hippocrateisque monimentis disquisi-
  tionem, Kiliae 1823
- Zur Würdigung des Strebens nach Verfassung in Schleswig-
  Holstein, Deutschland 1830
- Über die Sylter Landschaftsverfassung und ihre zeitgemässe
  Verbesserung, Kiel 1831
- Grabrede auf Jens Booysen, Kiel 1833

Ackermann, Harald Friedrich Nicolaus

- Inauguraldissertation: De pedum sudore fötido, Kiliae 1835
- Das Wetter und die Krankheiten, Kiel 1854

Dittmann, August Friedrich

- Inauguraldissertation: De vi vitali, Kiliae 1843
- Unsere Zeit und die Naturwissenschaft, Kiel 1853
- Ultramontanismus und Materialismus oder die Verketzerung der
  jetzigen Ärzte und Naturforscher, Eckernförde 1855
- Die Erde ein Himmelskörper, Kiel 1857
- (Hrsg.) Der Volksarzt, H.1-6, Schleswig 1857
- Die großen Veränderungen der Erdoberfläche, Schleswig 1859
- Die veränderliche Umdrehungsrichtung oder doppelte Axen-
  drehung der Erde, Schleswig 1863
- Das Polarproblem und ein Vorschlag zur Lösung desselben,
  Hamburg 1869

Nicolas, Paul Justus Hinrich

- Inauguraldissertation: Über lokale Blutentziehungen als anti-
  phlogistische Operationen nebst einschlägigen Experimenten,
  Halle/S. 1882
- Über neuere Angriffe auf die Seebäder und die Überschätzung
  ihrer irritierenden Momente, Balneol. Centralztg. 1902
- Winterkuren an der See, Hamburg 1907
- Heilbehandlung von Versicherten bei der Landesversicherungs-
  anstalt der Hansastädte im Jahre 1906 u. 1908, Lübeck 1907
  u. 1909
- Über die Indikationen der Nordseebäder bei Hautkrankheiten,
  Zschr. Balneol., Klimatol. u. Kurorthyg. 1, 1908/1909
- Über den bisherigen Stand der Indikation der Nordseebäder,
  Zschr. Balneol., Klimatol. u. Kurorthyg. 1, 1908/1909
- Begutachtung der Sicherheitsvorkehrungen im Seebad Wester-
  land, Zschr. Balneol., Klimatol. u. Kurorthyg. 2, 1909
- Nordsee und Asthma, Zschr. Balneol., Klimatol. u. Kurorthyg.
  6, 1913

8. Quellen- und Literaturverzeichnis

8.1. Ungedruckte Quellen

Hansen, Christian Peter: Tagebuch 1848 - 1858, Abschrift im
Sylter Archiv
zit. als: Hansen - Tagebuch

Kirchenarchiv Keitum: Copulations- und Sterberegister der
evangelischen Kirchengemeinde Keitum -
Pastorat
zit. als: Kirchenarchiv Keitum

Landesarchiv Schleswig-Holstein (zit. als: LAS):

Abt. 13B 48	Specialregistratur des Medicinalwesens
Nr. 175A	Betr. Verlangen der Sylter Landesge-
	vollmächtigten, daß der Landesarzt
	Buchholz sich einen Gehülfen halte,
	oder daß zum Engagement eines solchen
	Erforderliche von seinem Gehalt fallen
	lasse
Abt. 42	Medizinalbehörden
Nr. 3,4,5	Protokollbücher des Schleswig-Holstei-
	nischen Sanitätskollegiums 1816 - 1850
Nr. 50II,51	Beim Sanitätskollegium für das Herzog-
	thum Schleswig erwachsene Acten betr.
	seine eigene Tätigkeit und ihm erstat-
	tete Berichte 1852 - 1857 u. 1862 - 1864
Nr. 58	Betr. den Sylter Landschaftsarzt
	1855 - 1862
Nr. 119	Betr. die Landschaftsärzte und Bade-
	ärzte auf Sylt 1852 - 1862
Abt. 65.2	Acten der Staatskanzlei
Nr. 886	Generalberichte der Sanitätskollegii
	1805 - 1844

Nr. 1807   Privilegien für Chirurgen 1750ff.;
Kontrakt mit dem Chirurgo Buchholz 1788;
Über die Annahme eines Chirurgen soll
die landesherrliche Genehmigung gesetzt
werden, 1788;
Die Landesgevollmächtigten haben den
Chirurgen zu bestellen, 13.4.1792.

Abt. 320   Landratsamt Südtondern
Nr. 61   Errichtung von Krankenhäusern in Nordfriesland

Rigsarkivet, Kopenhagen, Sleswigske ministerium journalsag
1A 516/1863 (Fotokopien im Sylter
Archiv)
zit. als: Rigsarkivet 1A 516/1863

Rinken, Henning (Hinrichs, Hinrich Reinert):
Vorzeit und Gegenwart, Beschreibung
oder Chronik über die Insel Sylt
1835 - 1837
zit. als: Rinkenchronik I (SyA)

1843 und Fortsetzung, Chronik der
Landschaft Sylt v. H.R. Hinrichs
zit. als: Rinkenchronik II (SyA)

Schmidt-Eppendorf, Peter: I. Barbiere, Chirurgen, Ärzte und
Landesärzte auf Sylt bis 1864,
maschinen- und handschriftliche Auf-
zeichnungen

II: Maschinenschriftliche Abschriften
von Schriftstücken des Sylter Archivs -
Landschaftsarzt (s.u.)
zit. als: Mat.Slg. Schmidt-Eppendorf

Sylter Archiv (SyA):   Landschaftsarzt, Akten der Sylter Landvogtei
zit. als: SyA-LA

- 103 -

8.2. Gedruckte Quellen und Literatur

Achelis, Th. O.: Studenten der Medizin aus dem Herzogtum
Schleswig 1517-1864.
Sudhoffs Arch. Gesch. Med. Naturw. 44, S.357-365 (1960).

Achelis, Th. O.: Die Ärzte im Herzogthum Schleswig bis zum
Jahre 1804. Kiel: Schmidt & Klaunig 1966.
(Schleswig-Holsteinische Gesellschaft für Wappen-
kunde und Familienforschung, Jg.5, Sonderheft 1).

Achelis, Th. O.: Matrikel der Schleswigschen Studenten
1517-1864. Kopenhagen: Gads 1966.

Ackermann, H.: Das Wetter und die Krankheiten. Kiel: Akad.
Buchhdlg. 1854.

Alberti, E.: Lexikon der Schleswig-Holstein-Lauenburgischen
und Eutinischen Schriftsteller von 1829 bis Mitte
1866. 2 Bde., Kiel: Maack 1867, 1868.

Alberti, E.: Lexikon der Schleswig-Holstein-Lauenburgischen
und Eutinischen Schriftsteller von 1866 bis 1882.
2 Bde., Kiel: Biernatzki 1885, 1886.

Altonaischer Mercurius v. 6.11.1838, S.3833-3848.

Andresen, L.: Die erste Schutzimpfung gegen Blattern.
Die Heimat 34, S.54 (1924).

Andresen, L.: Das Landesgevollmächtigten Kollegium auf Sylt.
Die Heimat 43, S.274 (1933).

Andresen, L.: Beiträge zur neueren Geschichte der Stadt Tondern. Gesammelte Aufsätze. Zur Geschichte des Medizinalwesens in Tondern bis 1700, hrsg. v. G.E. Hoffmann. Flensburg: Heimat & Erde 1943, S.12-32.

Anonym: Kurze Darstellung der jetzt geltenden Medicinalgesetze
nebst Entwurf einer neuen Medicinalverordnung für die
Herzogthümer Schleswig und Holstein. Altona: o.Verl.
1846.

Anonym: Der heutige Privatarzt. Husum: Delff 1860.

Bachmann, M.: Die Nachwirkungen des hippokratischen Eides.
   Ein Beitrag zur Geschichte der ärztlichen Ethik.
   Med. Diss. Mainz 1952.

Bannert, U.: Diskussionen um ärztliche Gebührenordnungen im
   19.Jahrhundert - Ein Beitrag zur Geschichte des ärztlichen Honorars. Med. Diss. Kiel 1985.
   (Kieler Beiträge zur Geschichte der Medizin und Pharmazie, 18).

Bockendahl, J.: Generalbericht über das öffentliche Gesundheitswesen der Provinz Schleswig-Holstein für das
   Jahr 1871, 1872, 1873. Kiel: Schmidt u. Klaunig 1872,
   1873, 1874.

Bockendahl, J.: Generalbericht über das öffentliche Gesundheitswesen der Provinz Schleswig-Holstein für das
   Jahr 1874 nebst einem Rückblick auf die verflossenen
   zehn Verwaltungsjahre. Kiel: Schmidt u. Klaunig 1875.

Bockendahl. J.: Generalbericht über das öffentliche Gesundheitswesen der Provinz Schleswig-Holstein für das
   Jahr 1875, 1876, 1877, 1878, 1879, 1880, 1881, 1882.
   Kiel: Schmidt u. Klaunig 1876, 1877, 1878, 1879, 1880,
   1881, 1882, 1883.

Bockendahl, J.: Gesammt-Bericht über das öffentliche Gesundheitswesen der Provinz Schleswig-Holstein, die Jahre
   1883, 1884 und 1885 umfassend. Kiel: Schmidt u. Klaunig 1887.

Bockendahl, J.: Gesammt-Bericht über das öffentliche Gesundheitswesen der Provinz Schleswig-Holstein, die Jahre
   1886, 1887 und 1888 umfassend. Kiel: Schmidt u. Klaunig 1889.

Bockendahl, J.: Gesammt-Bericht über das öffentliche Gesundheitswesen der Provinz Schleswig-Holstein, die Jahre
   1889, 1890 und 1891 umfassend. Kiel: Schmidt u. Klaunig 1893.

Bockendahl, J.: Gesammt-Bericht über das öffentliche Gesundheitswesen der Provinz Schleswig-Holstein, die Jahre
1892, 1893 und 1894 umfassend. Kiel: Schmidt u. Klaunig 1895.

Bockendahl, J.; Rüppel, J.: Die Amtsthätigkeit des Medicinalinspectors Dr. Schleisner. Ein actenmäßiger Beitrag
zur Kenntnis der Dänischen Beamtenwirtschaft. Flensburg: Herzbruch 1864.

Boie, M.: Moiken Peter Ohm. Schicksalsjahre einer Sylterin.
Mit einem Nachwort von M. Wedemeyer. Stuttgart: Stein-
kopf 1982.

Booysen, J.: Beschreibung der Insel Silt in geographischer,
statistischer und historischer Rücksicht. Schleswig
1828. Nachdruck, hrsg. u. eingeleitet v. M. Wedemeyer.
Schleswig: Schleswiger Druck- u. Verlagshaus 1976.

Brandt, O.; Klüver, W.: Geschichte Schleswig-Holsteins. Kiel:
Mühlau 1976, 7.Aufl.

Brix, J.: Lægevirke i Sønderjylland før 1864.
Dansk med.hist. årbog 1980, Apenrade 1981.

Carstens, C. E.: Die Stadt Tondern. Eine historisch-statisti-
sche Monographie. Tondern: Dröhle 1861.

Chronologische Sammlung der im Jahre 1862 ergangenen Verordnungen, Verfügungen für das Herzogthum Schleswig. Schleswig: Königl. Taubstummen-Inst. 1863.

Diepgen, P.: Die Geschichte der Medizin. Die historische Entwicklung der Heilkunde und des ärztlichen Lebens. Bd.II 2,
Berlin: de Gruyter 1955.

Dohrn, N.: Die Schleswig-Holsteinische Medicinalverfassung in
einer systematischen Reihe von Verordnungen dargestellt und mit einer kritischen Einleitung versehen.
Heide: Pauly 1834.

Erichsen, E.: Das Bettel- und Armenwesen in Schleswig-Holstein
    während der ersten Hälfte des 19.Jahrhunderts.
    ZSHG 79, S.217-256 (1955); 80, S.93-148 (1956).

Erslew, Th. H.: Supplement til Almindeligt Forfatter-Lexikon
    for Kongeriget Danmark med tilhørende Bilande 1841
    til efter 1858. Bd.III (1868). Nachdruck København:
    Rosenkilde og Bagger 1964.

Fischer, A.: Geschichte des Deutschen Gesundheitswesens. Bd.2,
    Berlin 1933. Nachdruck Hildesheim: Olms 1965.

Flemming, W.; Heischkel, E.: Der Arzt der Goethezeit.
    Ciba-Zschr. 7, S.2646-2676 (1956).

Flensburger Norddeutsche Zeitung v. 24.6.1884 /unpag./.

Forchhammer, Th.: Sammlung der Gesetze und Bestimmungen welche
    das Medicinalwesen in den Herzogthümern Schleswig und
    Holstein betreffen. Altona: Carl Busch 1824.

Gurlt, E. J.: Geschichte der Chirurgie und ihrer Ausübung.
    Bd.III. Nachdruck Hildesheim: Olms 1964.

Hammer, O. Chr.: Vesterhavsørnes Forsvar. København: Gylden-
    dalske Boghandel 1865.

Hansen, C. P.: Die Insel Silt in geschichtlicher und stati-
    stischer Hinsicht. Hamburg 1845. Nachdruck Walluf:
    Sändig 1974.

Hansen, C. P.: Der Sylter Friese. Geschichtliche Notizen chrono-
    logisch geordnet und benutzt zu Schilderungen der Sit-
    ten, Rechte, Kämpfe und Leiden, Niederlagen und Er-
    hebungen des Sylter Volks in dem 17. und 18. Jahr-
    hundert. Hamburg 1845. Nachdruck Walluf: Sändig 1974.

Hansen, C. P.: Der Fremdenführer auf der Insel Sylt. Ein Weg-
    weiser für Badende in Westerland. Mögeltondern 1859.
    Nachdruck Schleswig: Schleswiger Druck- u. Verlagshaus
    1980.

Hansen, C. P.: Die Nordfriesische Insel Sylt, wie sie war und wie sie ist. Ein Handbuch für Badegäste und Reisende. Leipzig: J.J. Weber 1859.

Hansen, C. P.: Das Schleswig'sche Wattenmeer und die friesischen Inseln. Glogau: C. Flemming 1865.

Hansen, C. P.: Chronik der Friesischen Uthlande. Garding: Lühr & Dircks 1877, 2.Aufl.; Nachdruck Walluf: Sändig 1972.

Hansen, C. P.: Beiträge zu den Sagen, Sittenregeln, Rechten und der Geschichte der Nordfriesen. Deezbüll: Chr. Moje 1880.

Hansen, C. P.: Das Nordseebad Westerland auf Sylt und deren Bewohner - durchgesehen und um eine Biographie C. P. Hansens vermehrt von Chr. Jensen. Garding: Lühr & Dircks 1891.

Hanssen, P.: Geschichte der Impfung in Schleswig-Holstein und Hamburg.
Mitt. Verein Schlesw.-Holst. Ärzte 25, S.66-69 (1917); 26, 3-14 (1917).

Hörmann, G.; Philipp, E.: Die Kieler Universitäts-Frauenklinik und Hebammenanstalt 1805-1955. Stuttgart: Thieme 1955.

Hoffmann, G. E.: Die Entstehung der Sylter Landschaftsverfassung von 1834.
Die Heimat 42, S.259-264 (1932).

Hoffmann, G. E.; Jessen, W. (Hrsg.): Uwe Jens Lornsens Briefe an seinen Vater 1811-1837. Breslau: Hirt 1930. (Veröff. Schlesw.-Holst. Univ.ges., 29)

Jacobi, C.; Simon, S.; Wedemeyer, M.: Sylt. Abenteuer einer Insel. Hamburg: Hoffmann u. Campe 1980.

Jenner, A. L. O.: Einige Verhaltenshinweise beim Gebrauch des Sylter Seebades, in: Hansen, C. P.: Die Nordfriesische Insel Sylt, wie sie war und wie sie ist. Ein Handbuch

für Badegäste und Reisende, S.174-180. Leipzig:
J.J. Weber 1859.

Jenner, H.: Die Organisation des Gesundheitswesens in Schleswig-Holstein 1800-1840. Mag.Arb., Hamburg 1979.

Jenner, H.: Die Organisation des Gesundheitswesens in Schleswig-Holstein in der ersten Hälfte des 19. Jahrhunderts.
ZSHG 107, S.67-112 (1982).

Jensen, Chr.: Die Nordfriesischen Inseln Sylt, Föhr, Amrum und
die Halligen vormals und jetzt. Hamburg: Verlags-
anstalt u. Druckerei Actienges. 1891.

Jensen, J.: Nordfriesland in den geistigen und politischen
Strömungen des 19. Jahrhunderts. (Quellen und Forschungen zur Geschichte Schleswig-Holsteins, 44). Neumünster: Wachholtz 1961.

Kardel, H.: Schicksale einer Insel-Apotheke.
Die Heimat 59, S.262-264 (1952).

Koehn, H.: Die Nordfriesischen Inseln. Die Entwicklung ihrer
Landschaft und die Geschichte ihres Volkstums. Hamburg:
Cram/de Gruyter 1961, 5.Aufl.

Königlicher Dänischer Hof- und Staats-Kalender auf das Jahr
1774. Altona. /weitere benutzte Jgg.: 1785-1865/.

Krohn, H.: Die Bevölkerung der Insel Sylt. Jur.Diss. Kiel 1948.
(Studien u. Materialien d. Nordfriisk Instituut, 14,
Bräist/Bredstedt 1984).

Langenheim, F.: Sammlung der das Medicinalwesen in dem Herzogthum Schleswig betreffenden Verordnungen, Verfügungen,
Erlasse. Schleswig: Smissen 1854.

Lübker, D. L.; Schröder, H.: Lexikon der Schleswig-Holstein-
Lauenburgischen und Eutinischen Schriftsteller von
1786-1828. 2 Bde., Altona: Busch 1829, 1830.

Meyer, E. G.: Die Geschichte der Verfassung und Verwaltung der
Landschaft Sylt. Phil.Diss. Hamburg 1938.

Mitteilungen für den Verein Schleswig-Holsteinischer Ärzte,
H. 1-11, Kiel 1866-1887.

Pauls, V. (Hrsg.): Uwe Jens Lornsens Briefe an Franz Hermann
Hegewisch. Schleswig: Bergas 1925.

Riewerts, Fr.: Aus den Tagen der Selbständigkeit Sylts.
Mitt. Nordfries. Vereins Heimatkde. Heimatliebe 4,
S.60-73 (1906/07).

Rotteck, C. v.; Welcker, C. (Hrsg.): Das Staats-Lexikon. Ency-
klopädie der sämmtlichen Staatswissenschaften. Altona
1834.

Scharff, A. (Hrsg.): Uwe Jens Lornsen - politische Briefe.
Heide: Boyens 1938, 2.Aufl.

Schmidt, H.: Über die Aufhebung des Sylter Rathes.
Die Heimat 42, S.273-274 (1932).

Schmidt, H.; Reinhardt, A.: C. P. Hansen. Der Chronist der
Insel Sylt.(Heimatkdl. Schriften d. Nordfries. Vereins,
2). Husum: Husum Druck- u. Verlagsges. 1979.

Schmidt-Eppendorf, P.: Sylt. Memoiren einer Insel. Dokumente,
Chroniken, Berichte aus 1001 Jahren. Husum: Husum
Druck- u. Verlagsges. 1977.

Schwarzbuch über die Dänische Missregierung im Herzogthum
Schleswig /Einleitung/, Das Medizinalwesen. Kiel:
Schwersche Buchhdlg. 1864.

Schwarzbuch über die Dänische Missregierung im Herzogthum
Schleswig /Heft III/, Rechtswidrige Amtsenthebungen.
Rechtswidrige Eingriffe in politische Rechte. Verschiedene andere Rechtsverletzungen. Kiel: Schwersche Buchhdlg. 1864.

Staack, H. C. J.: Das Medizinal- und Gesundheitswesen mit be-
sonderer Berücksichtigung der Provinz Schleswig--
Holstein. Kiel, Leipzig: Lipsius & Tischer 1891.

Stöpel, R.: Geschlechter kommen und gehen. Versuch einer Geschichte Sylts. Bd.2. Westerland: Meyer 1927.

Suadicani, E.: Einiges über frühere ärztliche Verhältnisse in
Schleswig-Holstein.
Mitt. Verein Schlesw.-Holst. Ärzte 18, S.130-148 (1910);
19, S.50-59 (1910).

Sylter Inselnachrichten v. 1.11.1937 /unpag./.

Sylter Kurzeitung v. 10.6.1886.

Sylter Kurzeitung v. 3.8.1889.

Sylter Rundschau v. 4.5.1953.

Sylter Rundschau v. 10.10.1959.

Voigt, H.: Geschichte der Insel Sylt, in: Sylt - Geschichte und
Gestalt einer Insel, hrsg. v. M. u. N. Hansen, S.34-81.
Itzehoe: Hansen & Hansen 1967.

Voigt, H.: Der Sylter Weg ins Dritte Reich. Münsterdorf: Hansen
& Hansen 1977.

Voigt, H.; Wedemeyer, M.: Westerland. Bad und Stadt im Wandel
der Zeit. Zum 125jährigen Bad- und 75jährigen Stadt-
jubiläum. Westerland: Jüptner 1980.

Wedemeyer, M.: Einleitung in: Booysen, J.: Beschreibung der
Insel Silt in geographischer, statistischer und histo-
rischer Rücksicht. Schleswig 1828. Nachdruck Schleswig:
Schleswiger Druck- u. Verlagshaus 1976, S.5-13.

Wedemeyer, M.: C. P. Hansen - Der Lehrer von Sylt. Eine Biographie des Heimatkundlers und Malers. Schleswig: Schleswiger Druck- u. Verlagshaus 1982.

Wedemeyer, M.: Nachwort in: Boie, M.: Moiken Peter Ohm. Schick-
    salsjahre einer Sylterin. Stuttgart: Steinkopf 1982,
    S.250-254.

Wülfke, G. N.: Zur Würdigung des Strebens nach Verfassung in
    Schleswig-Holstein. Deutschland /ō.O., o.V.7 1830.

Wülfke, G. N.: Über die Landschaftsverfassung und ihre zeitge-
    mässe Verbesserung, hrsg. v. A. L. J. Michelsen. Kiel:
    Universitätsbuchhdlg. 1831 /z̄it.: 1831a7.

Wülfke, G. N.: Vorstellung des Doctor Georg Wülfke und anderer
    Einw. an den König enthaltend die Bitte um Untersuchung
    und Abstellung etlicher Lasten etc. und um Haftentlas-
    sung und Wiedereinsetzung des Landvogts Lornsen mit
    der darauf erfolgten Königlichen Resolution. /ō.O.,
    o.V.7 1831 /z̄it.: 1831b7.

STUDIEN UND MATERIALIEN

In der Reihe »Studien und Materialien« veröffentlicht das Nordfriisk Instituut in loser Folge sowohl Dissertationen und Examensarbeiten aus dem Bereich der Sprachwissenschaft, Geschichte, Landes- und Volkskunde Nordfrieslands als auch solche Texte, die sich ihrer Natur nach nur an einen kleineren Kreis von Interessenten wenden. Dabei handelt es sich sowohl um die Ergebnisse von Studien und Forschungen, die der Verfasser zur Diskussion stellen möchte, als auch um Quellen und Materialsammlungen, die auf andere Weise den wissenschaftlich Arbeitenden und der interessierten Öffentlichkeit nicht verfügbar gemacht werden könnten.

Nr. 1
Friedrich Saeftel
Wohnhügel-Leute im Nordseeküstenbereich und ihre Grassoden-Bauweise
Eine haus- und siedlungskundliche Studie zur Geschichte des frühgeschichtlichen Nordseeraumes.
73 Seiten mit 12 Bildtafeln, kart.
ISBN 3-88007-010-5   (vergr.)

Nr. 2
Uwe Thies Clemenz
Söl'ring an Sylter Schulen (1909–1950)
80 Seiten, kart.
ISBN 3-88007-024-5   DM 10,00
Untersucht wird die Frage, inwieweit die Sylter selbst und die poli-

tisch Verantwortlichen in der ersten Hälfte des 20. Jahrhunderts der Tatsache Rechnung getragen haben, daß auf Sylt Kinder zur Schule gingen, deren Muttersprache Söl'ring war.

Nr. 3
Albert Panten
Das Kirchspiel Enge 1352-1599
Eine Urkundensammlung mit Kommentar
80 Seiten, kart.
ISBN 3-88007-032-6   DM 10,00

Nr. 4
Karen H. Ebert
Referenz, Sprechsituation und die bestimmten Artikel in einem nordfriesischen Dialekt (Fering)
207 Seiten, kart.
ISBN 3-88007-033-4   DM 12,00

Nr. 5
Heinrich Koops
Die Insel Föhr
Eine Bibliographie (bis 1960)
X umd 166 Seiten, kart.
ISBN 3-88007-039-3   DM 12,00

Nr. 6
Ruth und Kaj Sieverts
Das Stallergeschlecht Sieverts in Eiderstedt
131 Seiten, nur noch lieferbar als Fotokopie im Klemmordner
ISBN 3-88007-040-7   DM 35,00
(Vgl. Nr. 15)

Nr. 7
Reinhard Kränsel
Die Pädagogik Friedrich Paulsens
Ein Beitrag zur Geschichte der Er-

ziehungswissenschaft und zur Neufassung des Bildungsbegriffes in unserem Jahrhundert
2 Bände, V und 283, 236 Seiten, kart.
ISBN 3-88007-036-9 DM 24,00

Nr. 8
Klaus Petersen
Zur Rechtsgeschichte Nordfrieslands
insbesondere der Bökingharde und der Vierharden
180 Seiten, kart.
ISBN 3-88007-046-6   (vergr.)

Nr. 9
Hans Oestreich
Sozioökonomische und raumplanerische Probleme des Fremdenverkehrs an der deutschen Nordseeküste
dargestellt am Beispiel der Insel Sylt
– Planung und Realität in Erholungsgebieten
603 Seiten mit 110 Tabellen, 24 Abb., 16 Karten, kart.
ISBN 3-88007-048-2 DM 55,00

Nr. 10
Klaus Sensche
Christian Jensen und die Breklumer Mission
Der missionstheologische Ansatz Christian Jensens und die Verwirklichung in der Breklumer Missionsgeschichte
200 Seiten, 1 Abbildung, kart.
ISBN 3-88007-050-4   DM 8,00

STUDIEN UND MATERIALIEN

Nr. 11
Olov H. Tångeberg
Mehrsprachigkeit und Schulunterricht
Über die nordfriesländische Mehrsprachigkeit und ihren Einfluß auf den Schulunterricht
172 und 56 Seiten, kart.
ISBN 3-88007-055-5 DM 15,00

Nr. 12
Christian Andersen
Studien zur Namengebung in Nordfriesland
Die Bökingharde 1760-1970
311 Seiten mit Namenverzeichnis, kart.
ISBN 3-88007-056-3 DM 12,50

Nr. 14
Hugo Krohn
Die Bevölkerung der Insel Sylt
195 Seiten, kart.
ISBN 3-88007-058-X DM 12,00

Von der Urzeit bis zum Beginn des 20. Jahrhunderts werden hier die Grundzüge der Sylter Bevölkerungsentwicklung referiert und mit reichhaltigem Zahlenmaterial erläutert.

Nr. 15
Ruth Sieverts
Sieverts-Familien in Eiderstedt
Das Stallergeschlecht Sieverts in Eiderstedt II
Stammtafeln, Illustrationen, Ergänzungen
52 Seiten mit 16 Abb., XVI Stammtafeln, 1 Karte von Eiderstedt, kart.
ISBN 3-88007-067-9 DM 18,00
(Vgl. Nr. 6)

Nr. 16
Hans Christian Nickelsen
Das Sprachbewußtsein der Nordfriesen in der Zeit vom 16. bis ins 19. Jahrhundert
Mit einem Nachwort von Prof. Dr. A. Feitsma
230 Seiten, kart.
ISBN 3-88007-068-7 DM 12,00

Der Verfasser untersucht anhand chronikalischer und wissenschaftlicher Werke aus der Feder nordfriesischer Schriftsteller des 16. bis 19. Jahrhunderts die Entwicklung des friesischen Volks- und Sprachbewußtseins.

Nr. 17
Fritz Joachim Falk
Grönlandfahrer der Nordseeinsel Römö
Ein Beitrag zur Wirtschafts- und Sozialgeschichte der schleswigschen Westküste.
279 Seiten, 71 Abbildungen, kart.
ISBN 3-88007-106-3 DM 45,00

Etwa 200 Jahre lang hat die Grönlandfahrt für die Insel Röm eine entscheidende Rolle gespielt. Dieses wichtige Kapitel der Inselgeschichte wird hier umfassend dargestellt.

Nr. 18
Volkert F. Faltings
Die Terminologie der älteren Weidewirtschaft auf den Nordfriesischen Inseln Föhr und Amrum
Wortgeschichtliche und wortgeographische Studien zum inselnordfriesischen Wortschatz
339 Seiten, kart.
ISBN 3-88007-115-2 DM 15,00

Gerade im Bereich von Haus und Hof zeigt sich der dialektale Wortschatz am ursprünglichsten und bodenständigsten. Hier setzt der Verfasser an, um Vielfalt und Reichtum des Fering auf wissenschaftlicher Basis zu dokumentieren und zu analysieren.

Nr. 19
Christian M. Sörensen
Der Aufstieg der NSDAP in Husum
Zur politischen Entwicklung einer Kleinstadt 1918-1933
200 Seiten, 50 Abb., kart.
ISBN 3-88007-119-5 (vergr.)

Geschildert wird am Beispiel Husums Aufkommen und Wachsen des Nationalsozialismus in einer Kleinstadt der Weimarer Republik. Politische Entwicklungen auf Reichs-, Staats- und Provinzebene sind an lokalen und regionalen Ereigniszusammenhängen deutlich abzulesen.